TERRE DI MEZZO EDITORE

ORA CHE POSSO

300 INDIRIZZI PER NON MANDARE IN PENSIONE LA VOGLIA DI FARE

Cultura, volontariato e divertimento
per nonni ribelli a Milano e dintorni

Direzione editoriale: Alberto Dragone, Miriam Giovanzana
Coordinamento organizzativo: Isabella Pavan

Ora che posso è un libro di Terre di mezzo
Cart'Armata edizioni Srl, via Calatafimi 10, 20122 Milano
Tel. 02-83.24.24.26, e-mail segreteria@terre.it

Illustrazione di copertina: Giorgio Siligardi

Supplemento al numero 135, agosto/settembre 2006 di "Terre di mezzo"
Direttore responsabile Carlo Giorgi
Registrazione Tribunale di Milano, n. 566 del 22 ottobre 1994
Stampa: Tipografia Me.Ca., Recco (GE)

Il catalogo dei libri di "Terre di mezzo" è su www.terre.it/libri

INDICE

Introduzione pag. 7

I servizi pubblici e privati 15

I grandi temi

La memoria e il tempo
Intervista a Giancarlo Majorino 37

Darsi da fare: lavoro e professionalità 45

I luoghi e gli incontri
Intervista a Ivan Della Mea 55

Cronache della casa 72

L'ombra del bisogno 78

Le opportunità

Il volontariato e l'impegno 91

La cultura: università e corsi,
turismo sociale 106

Il tempo libero: socialità, ballo e sport 126

La genesi di un libro spesso somiglia alla lenta scoperta di una persona: poco a poco se ne delineano il carattere, le doti innate, le idiosincrasie, i difetti. Le persone che ho incontrato rappresentano il corpo e i pensieri di un "grande vecchio" che staglia la sua ombra benevola sul sagrato del Duomo.
Un corpo spesso dolente, scarno, lento, a volte incatenato da troppe rampe di scale. A volte temprato dai colpi di zappa e rastrello negli orti, mantenuto agile da un paso doble *o da una bocciata. Un pensiero disincantato verso il futuro, ironico verso le passioni e il sesso e ancora svelto, nello sparigliare con l'asso di cuori o nel tradurre un carme di Catullo.*

Nessuno è timido, qualcuno se mai un po' stanco. I loro racconti, anche quando scavano nella memoria, hanno una tacita premessa: "Anziano a chi?". E quando li incontriamo, nell'incertezza, prevale il "tu". Una confidenza data dalla consuetudine alla vita. Le persone di una certa età danno del tu anche alla città che li ha visti nascere o immigrare, a una Milano che, con le sue vaste pertinenze, offre loro moltissimo in servizi e opportunità; e altrettanto toglie - soprattutto ai più fragili - in termini di degrado, solitudine, conflitto sociale.

Li abbiamo incontrati in questa città, nelle università della terza età e in balera; impegnati nelle battaglie per le case popolari o gli orti; nei sindacati pensionati o tra i volontari che assistono i malati terminali. "Ora che posso" è l'essenza di queste storie: che da narrazione e sostanza diventano viva informazione.

INTRODUZIONE

"L'apporto che i vecchi possono dare alla società
è nelle loro mani: i vecchi possono prestare aiuto,
possono dare, possono istruire. [...]
Ma soprattutto è nelle loro facce, nel coraggio
di esporsi alla vista. Nella nostra società abbiamo
a disposizione troppo poche immagini
dell'irresistibile intensità dell'anima. Troppe poche
facce da additare, nessun antenato visibile a cui
ancorare la collettività. Mancando di vecchi capaci
di essere antenati, che cosa ci rimane?"
James Hillman

La società anziana: grandi numeri

Un italiano su cinque oggi è "anziano": agli inizi del secolo scorso in Italia c'era un anziano ogni 25 abitanti. Oggi il calo delle nascite e l'allungamento dell'attesa di vita (82,9 anni per le donne, 77 per gli uomini) hanno portato gli over 65 a rappresentare oltre il 20% degli italiani. I nostri compaesani ultraottantenni, 612mila nel 1951, sono oggi 2,4 milioni. Nel 2020 saranno il 23% della popolazione ed entro il 2050 cresceranno del 180% rispetto ai giorni nostri.

Un anziano su tre vive solo. A Milano significa circa 94mila persone. Il 13% degli anziani soli in Italia vive al di sotto della linea della povertà relativa (soglia fissata convenzionalmente dall'Istat in 521,7 euro al mese).

Ampliando lo sguardo, l'incidenza della povertà relativa sale dal 10 al 13,9% tra le famiglie con almeno un componente di oltre 64 anni di età e raggiunge il valore massimo (16,7%) quando i componenti anziani sono più di due. L'Istat nel suo "Rapporto 2005", sottolinea come - tra le caratteristiche delle famiglie povere - ricorra la presenza di una persona la cui unica fonte di reddito è la pensione. Nel 2004 il sistema previdenziale italiano ha distribuito prestazioni a 16,4 milioni di pensionati, tra i quali ben il 52,3 per cento aveva un reddito inferiore a 750 euro.

L'anno del sorpasso

Il 2005 è per l'Italia, l'anno del sorpasso: i ventenni diventano minoranza. Possiamo definirlo un "incrocio pericoloso" tra due linee di un grafico: la fascia dai 20 ai 39 anni comincia a scendere, quella dai 40 ai 59 anni sale. E la tendenza non si invertirà. Tra il 2005 e il 2030 il numero di persone di sessantacinque e più anni crescerà del 52,3%, mentre il gruppo di età compreso tra i 15 e i 64 anni diminuirà del 6,8%.
Tuttavia, se saranno confermati gli attuali trend, gli anziani saranno più attivi perché più sani, grazie ai progressi della medicina. E saranno più benestanti: aumenteranno i titolari di massimi pensionistici e i risparmi saranno più elevati di quelli dei predecessori, ma anche di quelli dei propri figli.

Problema o risorsa?

C'è una forte contraddizione tra la percezione comune dell'anziano in seno alla società e la sua visione soggettiva. L'82% degli intervistati Censis dichiara di essere in grado di fare tutto da solo, ma il 63,2% pensa che la politica lo penalizzi, considerandolo un peso per la società. In sintesi: la società sembra percepire l'anziano come un individuo che ha terminato il suo compito e il cui sostentamento grava soprattutto sulla collettività, mentre l'anziano, come persona, si sente in grado di iniziare un percorso alternativo o nuovo, libero da impegni consueti di lavoro, che abbia le caratteristiche della libertà, della novità e della gratificazione. "Ora che posso" è il suo motto.

Le pantere grigie vogliono welfare e sicurezza

Ma diamo la parola ai diretti interessati: il rapporto Censis/Salute-La Repubblica (2006) racconta di un anziano sereno, attivo, che vuole contare. Il 78 % si sente "utile agli altri" e il 73,2 % è "appagato da quello che ha già fatto nella vita". Molti però sono arrabbiati con i politici, oltre la metà è tentata da una virata neo-corporativa: gli oltre 14,5 milioni di italiani che hanno almeno sessant'anni rappresentano il 25% circa del corpo elettorale, una forza d'urto potenzialmente decisiva...
Ma, una volta "preso il potere", che cosa vorrebbero? Non esse-

re governati da anziani. La netta maggioranza non considera gli attuali leader politici, anche se anagraficamente vicini, come loro espressione. Sono invece più reddito e welfare di qualità, le richieste a breve per invertire la lenta erosione percepita della propria condizione socio-economica. Infatti la stragrande maggioranza degli anziani ha la percezione che le istituzioni guardino alla terza età come un peso, per i suoi effetti sui costi del welfare e per l'incidenza sulla spesa pubblica; da qui il disagio di sentirsi una componente sociale ai margini, se non addirittura penalizzata dal contesto politico. La sicurezza è il perno di una società più a misura di anziano (la indica come priorità il 40,5%). La percezione diffusa, socialmente trasversale, è che di fronte all'incertezza sia necessario attivare meccanismi non più solo individuali, ma collettivi, e politici, di produzione di tutela e sicurezza. La domanda di sicurezza è però arricchita dalla voglia di relazionalità diffusa, di maggiore solidarietà (32,7%) e di un maggior coinvolgimento nella comunità in cui si vive (16,7%). La società migliore per gli anziani italiani è dunque quella a più alto tasso di relazionalità, con un forte senso comunitario e una fitta trama di rapporti e di responsabilità reciproche.

Nuove responsabilità e paure

Sembra questa l'essenza dei risultati del Quarto Rapporto Censis: esiste una quota consistente di persone che ha superato la soglia dei sessant'anni, che gode di buona salute e che, se da un lato gestisce il patrimonio di relazioni personali che ha costruito durante la vita, dall'altro è pronto a rigiocarsi in nuove responsabilità o progetti, magari messi da parte a suo tempo. La "longevità attiva", infatti, sta diventando il modo prevalente di vivere la terza e quarta età, ed è presumibile che lo sarà sempre di più, man mano che raggiungeranno i sessant'anni e più le generazioni del *baby-boom* che, più delle altre, sono state informate da una cultura "soggettivista".

Allo stato attuale, comunque, la voglia degli anziani di rompere la tradizione di marginalità legata al pensionamento o, comunque, al minore contributo che, secondo la logica fordista, possono dare ai processi produttivi, viste le ridotte capacità fisiche, irrompe prepotente e vitale in ogni ambito della società tanto che i media ne danno ampia visibilità. L'autonomia individuale è dunque il presupposto primo per vivere in modo pieno questa fase di vita e, non a caso, tutte le indagini realizzate dal Censis negli ultimi anni hanno evidenziato che è proprio la paura della non autosufficienza più che la morte o il dolore, il vero spettro che impaurisce gli italiani.

Le relazioni personali

Le persone con almeno sessant'anni dispongono di un patrimonio relazionale consistente, e che, almeno in parte, viene rinnovato in questa fase della propria esistenza. Oltre il 42% degli intervistati dichiara di avere molti amici (più di 6), il 33,3% dichiara di averne abbastanza. Gli anziani intervistati si sentono circondati da un clima positivo, di fiducia, che gli permette di avere un ruolo e una rilevanza sociale, senza frustrazioni da abbandono o da marginalità. D'altro canto, non va sottovalutata la sofferenza, spesso inespressa o vissuta in solitudine di quegli anziani che non hanno autonomia fisica o economica, o che vivono una condizione di disagio.

I segreti della buona vecchiaia

Questo quadro mostra che "le politiche e gli interventi per l'invecchiamento, quindi, non possono solo essere 'set' di servizi sociali o progetti di supporto ai non autosufficienti, ma un processo di apprendimento di massa dei segreti della buona vecchiaia che già oggi tante persone praticano": essere dentro ai circuiti relazionali, attivare nuove progettualità di vita, darsi un ruolo gratificante perché utile o perché semplicemente risponde all'immagine che si ha di se stessi. Senza forzare gli anziani a svolgere necessariamente un ruolo, a essere attivi in ogni caso: si tratta piuttosto di "creare i presupposti della libertà di scelta, vale a dire offrire le risorse psicologiche e materiali per stabilire se limitarsi a vivere in tranquillità o prendersi nuove responsabilità o semplicemente trovare il giusto (dal proprio punto di vista) saggio di sostituzione fra le due situazioni". (Dalla relazione al "Rapporto Censis" citato)

La legge sull'invecchiamento attivo

Va in questa direzione la proposta dell'associazione Auser (vedi la scheda a pag. 91) per una legge quadro per l'invecchiamento attivo. "Il tempo e le competenze degli anziani, il patrimonio di esperienze e di saperi che hanno accumulato nel corso di una intera vita - spiega la presidente nazionale Maria Guidotti - sono risorse preziose, che attendono di essere adeguatamente valorizzate nel nostro Paese" .

La legge - secondo il progetto elaborato da Auser - poggia su tre cardini. Il primo riguarda le politiche che favoriscono la permanenza al lavoro, o il reingresso di lavoratori e lavoratrici precocemente espulsi; la seconda riguarda la preparazione al pensionamento e il terzo le attività di promozione sociale e le attività di servizio alla comunità, aiuto alla persona, cura dei "beni comuni" come l'ambiente, il patrimonio storico e artistico ecc... Una vera e propria azione di prevenzione del disagio che accompagnerebbe l'uscita dal lavoro con forme di sostegno sia psicologico che informativo. "Ciò che riceveranno gli anziani a fronte del loro impegno sociale e civile - sottolinea la Guidotti - non dovrà costituire un'integrazione a una pensione magari troppo bassa. Il diritto a una pensione dignitosa non deve avere niente a che fare con il diritto-dovere di impegnarsi socialmente. Anche se nessuna finanziaria potrà mai iscrivere in bilancio i risparmi calcolati su questa base, non è un buon motivo per dimenticarne l'esistenza".

E a proposito di cose da tenere in agenda. I sindacati pensionati (Spi-Cgil, Fnp-Cisl, Uilp-Uil) non hanno dimenticato gli anziani non autosufficienti: è in Parlamento una proposta di legge popolare sulla non autosufficienza, che riguarda oltre 2 milioni e 800mila famiglie. La proposta di legge prevede norme per favorire la permanenza dei malati e dei disabili presso la propria casa, sostenere la famiglia nell'assistenza e realizzare piani personalizzati di cura. In Regione Lombardia, la creazione di un fondo per la non autosufficienza è una delle richieste più pressanti del mondo del non profit.

I NUMERI DEGLI ANZIANI A MILANO E IN LOMBARDIA (2004-5)

	MILANO	PROVINCIA	LOMBARDIA
OVER 65	23,19 %	18,28 %	18,59 %
OVER 75	10,35 %	7, 65 %	8,10 %

Tra gli Over 65 a Milano, l'11 per cento ha più di 85 anni.

Anziani non autosufficienti in Lombardia: 350mila (l'84 per cento non risulta adeguatamente assistito dai servizi socio-sanitari)
Pensione media degli Over 65 in Lombardia: 665 euro. 94mila anziani milanesi, vivono da soli. Il 13 % degli anziani soli è sotto la linea della povertà (521,7 euro al mese)

Dati Fnp-Cisl

I principali indicatori

Periodo dal 1992 (o prima, ove indicato) al 2004

L'età media dei milanesi è passata dai 39 anni del 1981 agli oltre 45 del 2004.
L'indice di invecchiamento è la proporzione della popolazione over 65 rispetto al complesso della popolazione. A Milano è passato da da 18,71 a 23,19%.
L'indice di vecchiaia è l'indicatore sintetico del grado di invecchiamento della popolazione. Si ottiene rapportando l'ammontare della popolazione anziana di 65 anni e oltre alla popolazione di età inferiore a 15 anni. A Milano è passato da 184,35 a 200,30.
Indice di dipendenza strutturale: indicatore di rilevanza economica e sociale che rapporta le persone economicamente non produttive, ossia anziani e giovanissimi (popolazione di età inferiore a 15 anni e superiore ai 64 anni), alle persone in grado di sostenerle con la loro attività (popolazione di età compresa tra 15 e 64 anni). A Milano è passato da 40,56 al 53,29.

Servizio demografico Asl di Milano

La popolazione milanese è più anziana di quella lombarda e nazionale ma ha un **rischio di morte** del 20 per cento più basso

Servizio di epidemiologia della Asl Città di Milano 'Atlante' dei ricoveri e della mortalità"

I SERVIZI PUBBLICI E PRIVATI

In questo capitolo segnaliamo le principali attività di "servizio pubblico" delle pubbliche amministrazioni milanesi e lombarde e di alcuni servizi privati che si rivolgono in primis alle persone oltre i 65 anni.
Il Rapporto Istat 2004 affermava in proposito che il 6,8% delle famiglie con componenti anziani riceve aiuti pubblici - percentuale in lieve aumento - mentre il 10% ricorre ad aiuti a pagamento. La famiglia resta comunque in Italia la risorsa sussidiaria più importante per integrare le risorse sempre più esigue dello "stato sociale" verso le categorie più fragili.
Le indicazioni che seguono non hanno la pretesa di sostituire in nessun modo le informazioni aggiornate da parte dei servizi stessi, che consigliamo di assumere direttamente.

COMUNE DI MILANO

Dal 24 maggio 2006 è attivo il nuovo Contact center dei servizi sociosanitari del Comune. Il nuovo numero gratuito è attivo dal lunedì al venerdì dalle ore 8 alle ore 20 e il sabato dalle ore 8 alle ore 14. Il nuovo servizio si propone di migliorare l'accessibilità dei servizi e migliorarne la qualità. In particolare il servizio di Contact Center ha l'obiettivo di fornire informazioni di carattere generale sui servizi erogati dal Settore Anziani e Strutture Residenziali e rispondere ai quesiti specifici posti dall'utente. Potrà inoltre mettere in contatto il cittadino con il servizio richiesto e ricevere segnalazioni su malfunzionamenti, emergenze e lamentele.

Per informazioni
Sito internet:
http://www.comune.milano.it/servizisociali/index.html

Centri multiservizi anziani Comune di Milano

I Centri multiservizi anziani (C.M.A.) del Comune di Milano, sono servizi territoriali la cui funzione è quella di far incontrare la domanda dei cittadini anziani con le possibili risposte da parte della Pubblica Amministrazione. In particolare i C.M.A. si occupano di fornire informazioni, di attivare servizi e, quando necessario, di inviare l'anziano al servizio più rispondente alle sue esigenze.

Le sedi decentrate di Zona:

ZONA 1	C.M.A. Via San Marco 49, tel. 02-65.92.362
	C.M.A. Via Rugabella 4/6, tel. 02-87.71.89
ZONA 2	C.M.A. Via S.Elembardo 4, tel. 02-25.79.816 - 02-29.50.57.28/9
ZONA 3	C.M.A. Via A.Doria X, tel. 02-67.04.346
	C.M.A. Via Ricordi 1, tel. 02-29.52.51.87
	C.M.A. Via Saccardo 42, tel. 02-26.41.009
ZONA 4	C.M.A. V.le Puglie 33, tel. 02-55.13.727
	C.M.A. Via Dei Paganirola 14, tel. 02-56.93.720
	C.M.A. Via Zante e Centro Occupazionale, tel. 02-70.10.28.49
	C.M.A. Via Don Carlo S.Martino e Centro Occupazionale, tel. 02-70.00.92.62
ZONA 5	C.M.A. V.le Tibaldi 41, tel. 02-89.40.35.92
	C.M.A. Via Boifava 25, tel. 02-84.39.860
ZONA 6	C.M.A. Via Di Rudinì 3, tel. 02-81.33.277

	C.M.A. Via Bellini 15, tel. 02-48.95.50.44
	C.M.A. Via Manzano 4, tel. 02-41.51.319
ZONA 7	C.M.A. Via A.Da Baggio 54 e Centro Occupazionale, tel. 02-45.63.914
	C.M.A. Via Stromboli 19, tel. 02-47.71.04.70
ZONA 8	C.M.A. P.le Accursio 5, tel. 02-39.21.72.98 - 02-33.00.00.76
	C.M.A. Via Castelvetro 22, tel. 02-33.02.93.95/4 - 02-33.60.89.01
	C.M.A. Via Ojetti 20 e Centro Terapia Occupazionale, tel. 02-30.84.364
	C.M.A. Via Lessona 55, tel. 02-39.00.22.42 - tel. 02-35.71.941
ZONA 9	C.M.A. Via Volturno 32, tel. 02-68.88.868
	C.M.A. Via Brivio 2/4, tel. 02-60.80.062
	C.M.A. Via Giolli 29, tel. 02-64.72.320
	C.M.A. Via Sant'Arnaldo 17, tel. 02-66.22.17.07

Centri socio-ricreativi e culturali

I Centri socio-ricreativi e culturali sono punti di ritrovo che offrono alle persone anziane la possibilità di incontrarsi e in cui vengono organizzate attività per il tempo libero. Le attività svolte nei Centri Anziani, che coinvolgono giornalmente circa 3.500 anziani, si rivolgono a tutte le persone che abbiano compiuto i 55 anni di età. L'iscrizione annuale costa 5,50 euro, si effettua presso il Centro della propria Zona di residenza e dà diritto a partecipare a tutte le iniziative del Centro. Ciascun Centro stabilisce i propri orari di apertura; sono prevalentemente aperti al pomeriggio, per dodici mesi l'anno, la frequenza è libera. Le iniziative sono diversificate a seconda delle esigenze dei diversi Centri. Le attività che generalmente si svolgono sono di tipo ricreativo (ballo, giochi, intrattenimenti musicali), culturale e di informazione (gite, conferenze, visite guidate, spettacoli teatrali e cinematografici a condizioni molto vantaggiose), di tipo sportivo (corsi di ginnastica dolce, yoga, campi di bocce).

I Centri socio-ricreativi e sono presenti in tutte le zone di Milano. La sede centrale si trova presso l'assessorato ai Servizi sociali, in Largo Treves 1, tel. 02-88.46.31.30. A questa ci si può rivolgere, per informazioni sulle iniziative e le attività dei centri, dalle ore 8.30 alle 12 e dalle 13.45 alle 15.15.

ZONA 1 "Polo Mozart", via Mozart 16/b,
tel. 02-76.00.44.62 - 02-88.46.55.21

ZONA 2 "Villa Finzi", via S.Elembardo 4,
tel. 02-27.00.48.05 - 02-88.46.55.22
"Sammartini", via Sammartini 71/73,
tel. 02-66.91.994
"Cascina S. Paolo", via Trasimeno 41,
tel. 02-25.62.996

ZONA 3 "R. C. Ricordi", via Ricordi 4,
tel. 02-29.40.05.38 - 02-88.46.55.23
"Sorriso", via Crescenzago 56,
tel. 02-21.52.304 - 02-88.46.55.24

ZONA 4 "Zante", via Zante 36,
tel. 02-74.91.065 - 02- 88.46.55.25
"Acquabella", via Don Carlo S.Martino 10,
tel. 02-73.80.735 - 02-88.46.55.26
"Il Tulipano", via Fiamma 5, tel. 02-70.10.74.08
Via Monpiani 5, temp. Ufficio centrale,
tel. 02-88.46.31.83-30
"Salomone", via Salomone 28, tel. 02-50.47.03

ZONA 5 "Le Torri", via Lelio Basso 7,
tel. 02-89.30.35.33 - 02-88.46.55.27

ZONA 6 "L'Astronave", via Boffalora 116, tel. 02-81.38.130
"Narcisi", via dei Narcisi 3,
tel. 02-41.57.197 - 02-88.46.55.29

ZONA 7 "Osteno", via Osteno 2/a,
tel. 02-48.70.92.41 - 02-88.46.55.32
"Il Giardino", p.le Segesta 11,
tel. 02-40.07.08.52 - 02-88.46.55.33

ZONA 8 "La Porta del Cuore", via Appennini 147/a,
tel. 02-35.39.531 - 02-88.46.55.34
"Aldini", via Aldini 72,

tel. 02-35.52.174 - 02-88.46.55.35
"Cenisio", via Cenisio 4,
tel. 02-33.10.10.98 - 02-88.46.55.36

ZONA 9 "Sempreverdi", via Val Di Bondo 13,
tel. 02-64.69.181 - 02-88.46.55.37
"Villa Taverna", via C. Brivio 4,
tel. 02-66.80.15.93 - 02-88.46.55.38
V.le Monte Grappa 8/a, tel. 02-62.69.40.34
"Cassina Anna", via S. Arnaldo 17,
tel. 02-66.20.22.92 - 02-88.46.55.39
"Grivola", via Grivola 10, tel. 02-64.34.061
"Polo S. Monica", via S. Monica 4, tel. 02-64.24.630

Laboratori occupazionali

I laboratori occupazionali sono luoghi dedicati agli anziani ultrasessantenni parzialmente autosufficienti, in cui l'anziano può recarsi alcune ore al giorno in fasce orarie prevalentemente pomeridiane per attività di socializzazione e di sostegno nella vita quotidiana. Si tengono attività di psicomotricità e laboratori tematici, tesi a valorizzare le capacità e le autonomie degli ospiti; vengono garantiti servizi di igiene personale, comprese le prestazioni di pedicure e parrucchiera.
Vengono previste merende e integrazioni dietetiche ed è attivo un servizio di trasporto dal domicilio alla sede e viceversa. Per accedere al servizio occorre rivolgersi al Centro multiservizi anziani della zona di residenza dell'anziano o direttamente ai Laboratori occupazionali.

LO Anziani Insieme
Via A. Da Baggio 54, tel. 02-45.97.696
temp. trasferito in via Q. Romano 22
Orari: lu/me/ven, h.10.30/15.30, ma/gio, h.14.00/16.30
(con servizio pasti)

LO Anziani Insieme
Via Ojetti 20, tel. 02-30.84.364
Orari: lu/ma/me/gio, h. 14.00/17.00

LO Zante
Via Zante 36, tel. 02-70.00.47.79
Orari: lu/me, h. 14.00/16.00

LO Acquabella
Via D.Carlo S.Martino 10, tel. 02-70.00.92.64
Orari: ma/gio, h.14.00/16.00

Gli orari del Centri di terapia occupazionale potranno subire delle variazioni in base alle esigenze degli anziani e alla necessaria programmazione.

Servizio affido anziani

Il Servizio affido anziani è un progetto nato per migliorare la qualità della vita dell'anziano e farlo rimanere il più a lungo possibile al proprio domicilio, attraverso un sostegno di tipo relazionale che colmi eventuali situazioni di solitudine.
Si rivolge perciò agli anziani soli e in condizione di bisogno relazionale e allo stesso tempo a famiglie o persone che desiderino dedicare parte del loro tempo libero a un anziano.
Il servizio prevede la figura di un affidatario (persona o famiglia), che diventa "punto di riferimento" per i bisogni dell'anziano. Per diventare affidatari si segnala la propria disponibilità ai Centri multiservizi anziani o all'Ufficio coordinamento centri multiservizi anziani di largo Treves 1 (tel. 02-88.46.31.15, da lunedì a venerdì dalle ore 9 alle 12 e dalle ore 14 alle 15.30). È previsto un rimborso spese per l'affidatario o un affido a titolo totalmente volontario. L'anziano da affidare è segnalato dai Centri multiservizi anziani. Gli affidatari vengono preparati ad affrontare questa esperienza attraverso un iter che prevede incontri informativi e colloqui condotti da un'équipe di operatori costituita da assistenti sociali e psicologi.

Ufficio urgenze

A Milano risiedono migliaia di anziani con un reddito sotto la "soglia di povertà". L'Assessorato alle Politiche Sociali, at-

traverso il Settore anziani e Strutture residenziali, ha istituito un ufficio denominato Ufficio urgenze. La delibera di Giunta 885/06, disponibile attraverso una procedura di accesso agli atti (al protocollo di largo Treves) ha costituito - come ogni anno - un fondo per le situazioni di maggiore difficoltà. Un'apposita commissione esamina le richieste, secondo i criteri stabiliti ed eroga, se del caso, un contributo una tantum che può arrivare a un massimale di 2.582 euro. Chi fosse in condizione di bisogno può contattare l'assistente sociale del C.M.A. più vicino.
Oltre al fondo annuale, il Comune ha pensato bene di aprire un conto corrente a cui i privati possono versare libere offerte destinate alle urgenze stesse: non lo citiamo perché ci sembra di stimolare un'indebita concorrenza tra istituzioni e non profit.

Ufficio urgenze
Largo Treves 1 - 8° piano
Tel. 02-88.46.31.15 - 02-88.46.44.73

Residenza sanitario-assistenziali (Rsa)

Sono le strutture un tempo definite "case di riposo".
Accolgono persone anziane parzialmente o totalmente non autosufficienti.
Per accedere al servizio, l'interessato o un familiare deve presentare la richiesta direttamente alla Residenza individuata. L'elenco delle Rsa lombarde è all'indirizzo internet: http://www.famiglia.regione.lombardia.it/anz/rsa_post.asp

Centro diurno integrato (Cdi)

È un servizio diurno per anziani non autosufficienti, con funzione intermedia tra l'assistenza domiciliare e le strutture residenziali. Si rivolge ad anziani che vivono in casa, con una autosufficienza parzialmente o totalmente compromessa e con necessità di assistenza che superano la capacità del solo intervento domiciliare, ma che non richiedono ancora un ricovero in Rsa.

Il Centro offre prestazioni sanitarie (mediche, infermieristiche e riabilitative), di assistenza (ad esempio, aiuto per la cura dell'igiene personale) e servizi di animazione (di gruppo o individuali) e di socializzazione, quali spettacoli, giochi, attività manuali e pratiche, letture, al fine di contenere il rallentamento psico-fisico e la tendenza all'isolamento sociale e culturale. Tra gli obiettivi vi è quello di garantire alle famiglie o al contesto socio-ambientale un sostegno alla persona anziana sola e un sollievo dall'onere dell'assistenza diurna.
Gli interessati o le loro famiglie possono rivolgersi direttamente alle strutture, oppure ai servizi sociali del proprio Comune, nonché al Servizio Anziani della propria Asl. L'elenco dei Cdi di Milano è all'indirizzo http://www.comune.milano.it/servizisociali/index.html, cliccando "anziani".

Servizio assistenza domiciliare (Sad)

È un servizio diretto alla persona anziana o disabile che offre prestazioni assistenziali, sociali e di tutela, quali l'aiuto per mantenere la pulizia e il decoro della casa e degli indumenti o la cura dei rapporti sociali. Tali prestazioni possono essere completate da altri interventi quali il servizio lavanderia, la fornitura dei pasti a domicilio e il telesoccorso.
Il servizio è destinato alle persone di oltre 65 anni e ai disabili di età anche inferiore ai 65, con l'obiettivo di consentire loro di rimanere al proprio domicilio. I requisiti (situazione socio-economica della persona da assistere e/o della famiglia) vengono verificati di volta in volta dai servizi sociali del Comune di residenza. Gli interessati o le loro famiglie possono rivolgersi ai servizi sociali del proprio Comune o informarsi al Dipartimento Assi dell'Asl, Servizio disabili o Servizio anziani.

Il vigile di quartiere

Una figura di "prossimità", che dovrebbe soddisfare l'esigenza di sicurezza e di legalità nei quartieri, soprattutto quelli più a rischio. Uno dei cavalli di battaglia della giunta Albertini, sul crinale tra demagogia ed effettiva utilità. I vigili di quartiere spesso circolano in bicicletta e possono essere chiamati direttamente dai cittadini.

Recapiti telefonici dei Vigili di Quartiere

Quartiere Villapizzone	tel. 335-71.97.017
Quartiere Quarto Oggiaro	tel. 335-71.97.072 - 335-77.04.898
Quartiere Isola	tel. 335-71.96.993
Quartiere Greco	tel. 335-76.03.083
Quartiere Repubblica Solferino	tel. 335-71.96.994
Quartiere La Foppa	tel. 335-76.03.088
Quartiere Ponte Seveso	tel. 335-74.82.470
Quartiere Valtellina	tel. 335-74.82.471
Quartiere Centro Direzionale	tel. 335-77.04.900
Quartiere Zara	tel. 335-77.04.901
Quartiere Istria	tel. 335-77.04.902
Zona Niguarda	tel. 02-77.27.21.52
Quartiere Ponale	tel. 335-71.96.981 - 335-78.82.452
Quartiere Bicocca	tel. 335-71.96.983 - 335-12.70.143
Quartiere Gran Paradiso	tel. 335-71.96.984 - 335-78.82.442
Quartiere San Giuseppe	tel. 335-74.82.478 - 335-12.70.138
Quartiere Ciriè 82	tel. 335-78.82.447
Quartiere Ca' Granda	tel. 335-74.82.477 - 335-78.82.437
Quartiere Terruggia	tel. 335-77.04.907 - 335-78.82.440
Quartiere Pianell	tel. 335-77.04.906 - 335-71.97.062
Quartiere Rodi	tel. 335-77.04.908 - 335-78.82.454
Zona Dergano	tel. 02-77.27.50.06
Quartiere Comasina	tel. 335-74.82.473
Quartiere Bruzzano	tel. 335-56.98.154
Quartiere Bovisa	tel. 335-71.97.065
Quartiere Dergano	tel. 335-71.97.029
Quartiere Affori	tel. 335-56.98.193
Quartiere Pellegrino Rossi	tel. 335-74.82.474
Quartiere Maciachini	tel. 335-74.82.475
Quartiere Bovisasca	tel. 335-77.04.905
Quartiere Nigra	tel. 335-77.04.904

Provincia di Milano - Settore Politiche sociali
Tel. 02-77.40.48.92 - 58.13
E-mail: politiche.sociali@provincia.milano.it
Sito internet: http://temi.provincia.milano.it/serv_soc/
Dirigente Roberto Guarnieri
Responsabile Paolo Formigoni

Ufficio Anzianinsieme

Rappresenta il coordinamento provinciale dei Centri anziani. L'Associazione nazionale centri sociali, comitati anziani e orti (Ancescao), in collaborazione con la Provincia di Milano, attraverso una convenzione stipulata nel 1994, provvede all'organizzazione di un ufficio di coordinamento delle realtà degli anziani, presenti sul territorio provinciale. Anzianinsieme aggrega 96 Centri sociali anziani, che accolgono oltre 42mila soci.
L'ufficio offre un servizio d'informazione, consulenza e di supporto tecnico ai Centri sociali anziani già attivi, a quelli che intendono costituirsi, alle aggregazioni di anziani nonché alle Amministrazioni che vogliono promuoverli. Al medesimo ufficio ci si può rivolgere per disporre delle informazioni utili per l'avvio, l'organizzazione e il funzionamento dei centri sociali anziani (dagli aspetti fiscali che riguardano l'attività e la vita associativa, a quelli organizzativi, alle procedure per le convenzioni, ecc.), per partecipare a iniziative informative su tematiche particolari che saranno via via proposte e confrontarsi e raccordarsi sulle esperienze e sulle iniziative in atto da parte dei diversi centri.

Ufficio Anzianinsieme
Sede legale: Via Lurani 14 - Bresso (Milano)
Sede operativa: Via Piceno 60 - 20129 Milano
Tel. 02-77.40.33.21/31.30/34.36
E-mail: anzianinsieme@provincia.milano.it
Orari: tutti i giorni feriali 9-12.30 14-16.30
Responsabile Tarcisio Lattuada

Teleassistenza

La Provincia di Milano ha istituito il Servizio di teleassistenza, per chi vive solo e desidera continuare a vivere nella propria abitazione nonostante problemi di età, di salute o di limitata autonomia personale, in condizioni di sicurezza. Viene installata presso l'abitazione dell'anziano un'apparecchiatura simile a un telefono, che attraverso la linea telefonica permette il collegamento a una centrale, operativa 24 ore su 24. La persona è dotata di un piccolo telecomando attraverso il quale può chiedere aiuto premendo un solo tasto. La centrale operativa effettua settimanalmente una "telefonata di compagnia". Può richiedere il Servizio di teleassistenza chi ha compiuto i 65 anni di età e si trovi in condizioni di ridotta capacità d'azione, di solitudine o con una rete di rapporti insufficiente ai propri bisogni, o anche chi ha meno di 65 anni ma è affetto da patologie che comportino invalidità o limitazioni dell'autonomia personale e dell'autosufficienza, purché risieda in uno dei Comuni aderenti al progetto.

Teleassistenza
Viale Piceno 60 - 20129 Milano. Tel. 02-77.40.32.66/31.38
Fax 02-77.40.31.73. Responsabile Pierluigi Giannatempo

"Nella mia casa"

"Nella mia casa" è il bando con la quale la Provincia di Milano sostiene gli interventi dei Comuni, singoli o associati, per favorire la permanenza delle persone anziane presso il loro domicilio. L'iniziativa promuove progetti d'investimento da parte dei Comuni stessi in tecnologie, reti, strumenti e ausili - utilizzati nell'area socio sanitaria - che rendano più semplice e favoriscano la vita dell'anziano, parzialmente o totalmente non autosufficiente, presso la famiglia e la propria casa, ritardando il più possibile il ricovero nelle strutture residenziali collettive o l'ospedalizzazione.

Nella mia casa
Tel. 02-77.40.33.15 - Fax 02-77.40.51.17
Responsabile Michele Pisani

Progetto Net-work

Net-work è un progetto che ha come obiettivo la realizzazione di un sistema integrato tra soggetti pubblici e privati che operano nell'ambito dei servizi alla persona, delle politiche del lavoro e della formazione, al fine della qualificazione e stabilizzazione di alcune figure professionali operanti nell'area dei servizi di cura e assistenza a domicilio (badanti e tate). Il progetto mira a restituire all'ente pubblico un ruolo di regia nel settore delle attività socio-assistenziali, migliorando le condizioni di lavoro delle lavoratrici (riconoscendone il profilo professionale), lottando contro il lavoro nero e qualificando il servizio. Il progetto coinvolge i Comuni di due territori, Vimercatese-Trezzese e Monzese.

Progetto Net-work
Sistema integrato per i servizi di cura e assistenza domiciliare
Piazza Marconi 7/D - Vimercate (MI). Tel. 039-63.53.35.47
E-mail: progettonetwork@offertasociale.it
Sito internet: www.offertasociale.it
Comune di Monza. Assessorato alla persona
Via Appiani 17 - 20052 Monza (MI)
Tel. 039-23.72.766 - Fax 039-23.01.190
Provincia di Milano - Affari sociali
Tel. segreteria 02-77.40.31.35/31.42
E-mail: formazione-sociale@provincia.milano.it
Sito internet: http://temi.provincia.milano.it/serv_soc/index.htm

Sportello Inform@nziani

Anziani e casalinghe che vengono avviati alla conoscenza del computer, apprendono le nozioni base per l'utilizzo di un sistema operativo, dei più diffusi programmi di video scrittura, di calcolo, di archiviazione e di disegno e vengono introdotti nel mondo di internet per scoprire le risorse della rete. Questi i contenuti del programma realizzato in convenzione con la Provincia di Milano dal Centro nazionale per il volontariato d'intesa con il coordinamento provinciale di Milano dell'Ancescao, Associazione nazionale centri sociali, comitati anziani e orti.

I corsi si svolgono nel pomeriggio presso i Centro anziani dei Comuni coinvolti (Bresso, Buscate e altri), cui vengono aggregati altri centri anziani dei Comuni adiacenti per raggiungere un numero minimo di 10 partecipanti (due per computer) con l'assistenza di tutor. Nell'arco di tre anni oltre 700 allievi hanno beneficiato della proposta "Inform@nziani". Il progetto ha rappresentato inizialmente uno spazio di incontro intergenerazionale grazie all'insegnamento dell'uso del computer da parte di giovani studenti volontari.
Proprio da questa esperienza "nascono" i primi anziani tutor, persone non più giovani che a loro volta si impegnano ad insegnare ad altri l'uso del pc, e - tra questi - sono cresciuti i "navigators", volontari che si offrono di aiutare i loro coetanei, e non solo, nelle ricerche in internet per trovare quelle risposte che i bisogni quotidiani fanno emergere nei rapporti con le istituzioni o con altre realtà. L'iniziativa ha inoltre favorito la creazione presso alcuni Centri anziani dei Punt?nternet che con il supporto del programma "Non è mai troppo tardi" di Rai Educational sono diventati una vera e propria scuola di apprendimento dei rudimenti d'informatica, sufficienti per non essere emarginati dalle nuove tecnologie.
Con la fine del 2005 i Punt?nternet si sono infine trasformati in Sportelli inform@nziani. Sportelli informativi d'orientamento rivolti agli anziani, ai loro familiari e, in generale, a chi presta loro assistenza, che informano sulle modalità d'accesso ai servizi assistenziali e alle altre risorse del territorio.

Le banche dati informatiche sull'offerta di servizi sono state create ad hoc per ogni contesto e realizzate secondo un formato che ne consente un utilizzo "amichevole" ma tecnicamente corretto. Grazie ad esse gli utenti possono scoprire interventi istituzionali finora sconosciuti, e trovare concrete risposte ai propri bisogni.

Sportello Inform@nziani
Via Piceno 60 - 20129 Milano.
Tel. 02-77.40.33.21/31.30/34.36

Assessorato famiglia e solidarietà sociale

Anche se non eroga e organizza direttamente i servizi, le competenze di Regione Lombardia in tema di anziani sono di grande rilevanza, soprattutto dal punto di vista delle scelte politiche e della cosiddetta "spesa sanitaria". Riguardano soprattutto i finanziamenti (Fondo sociale) per i servizi non gestiti dalla Regione, ma direttamente dai Comuni e dalle Asl, fondo che complessivamente per il 2006 è arrivato a 92 milioni di euro. Da qui originano, tra l'altro, i fondi per i servizi di Assistenza domiciliare, le Residenze sanitarie assistenziali, i Centri diurni integrati e il voucher sociosanitario per le persone in stato di disagio. Sul sito Internet si trovano notizie, le normative nazionali e regionali, informazioni sulla sanità, sull'erogazioni di voucher e buoni socio-sanitari, residenzialità, centri diurni, studi e convegni. Inoltre Regione Lombardia realizza, in sinergia con il Terzo settore, iniziative quali il servizio nazionale di telefonia sociale e l'attività dei custodi sociali e sociosanitari nei quartieri di edilizia popolare.

Regione Lombardia
Assessorato famiglia e solidarietà sociale
Referenti per anziani:
Assistenza domiciliare: Loredana Spairani. Tel. 02-67.65.35.04
Residenze sanitarie assistenziali: Cinzia Gagliardi - int. 3622
Centri diurni integrati: Carmen Martignoni - int. 4639
Voucher socio-assistenziali: Annamaria Plantamura - int. 3539
Sito: http://www.famiglia.regione.lombardia.it/anz/anz.asp

Il "custode socio-sanitario"

Un avamposto sociale per contenere il disagio. Il "Progetto evoluzione del custode socio sanitario" a Milano, nasce in via sperimentale nel luglio 2004 su proposta del Ministero della Salute, dell'Istituto Superiore di Sanità, della Regione Lombardia e con la collaborazione dell'Ufficio nazionale per il servizio civile. La finalità del progetto è quella di riuscire ad in-

tercettare sul territorio, in aree socio ambientali disagiate, i bisogni, espressi e nascosti, della popolazione anziana più fragile. Il progetto si innesta in una precedente esperienza attiva, a cura del comune di Milano, partita già nel 2000, in alcune zone della città (Stadera, San Siro, Niguarda) e amplia il suo raggio territoriale d'azione, "mettendo in rete" le realtà istituzionali (Comune, Aler), sanitarie, socio-sanitarie e sociali (Asl) e quelle informali (associazioni di volontariato, vicinato, reti amicali e parentali, parrocchie, società civile in generale), già presenti e attive sul territorio cittadino. I Custodi, gestiti dalla Fondazione Don Gnocchi, coordinano 10 "centrali operative territoriali", mentre circa 60 volontari del Servizio Civile, "presidiano" una trentina di nuove postazioni, con interventi domiciliari rivolti a cittadini anziani critici. Per la seconda annualità (2005-6) l'obiettivo posto è quello di raggiungere la cifra complessiva di circa 24mila anziani.
Le perplessità da parte dell'associazionismo di base su un progetto che è stato pubblicizzato ben oltre la sua reale efficacia, si appuntano - vedi anche il capitolo "Cronache della casa" - soprattutto sulla frammentarietà degli interventi.

Per informazioni, sito internet:
http://www.famiglia.regione.lombardia.it/custode/custode.asp

SERVIZI PRIVATI

Telefono Filo d'argento Auser

Il Filo d'argento è il "telefono della solidarietà" che offre compagnia e aiuto concreto agli anziani. Un numero verde nazionale 800.995.988, gratuito e senza scatto alla risposta, attivo tutti i giorni dell'anno, festivi compresi, dalle 9 alle 20. Il Filo d'argento Auser, attraverso i suoi volontari, è impegnato ad aiutare le persone anziane sole attraverso una rete solida di relazioni che consenta all'anziano di continuare a vivere nella propria casa. Obiettivi primari: garantire aiuto e sostegno nelle vita di ogni giorno; fornire amicizia, ascolto e opportunità di partecipazione. Con una semplice telefonata si può ricevere aiuto per piccoli interventi domiciliari, richiedere la consegna della spesa o dei farmaci, il trasporto protetto per visite e controlli medici, l'accompagnamento alla posta o dal medico, informazioni sui servizi attivi nella propria città, segnalare abusi e disservizi.

Telefono Filo d'argento Auser
Numero verde nazionale 800.995.988

Filo d'argento Milano
Via dei Transiti 21 - 20127 Milano. Tel. 02-26.13.513
Referente Antonio Papa
Altri indirizzi e numeri lombardi e italiani sul sito internet:
http://www.auser.it/filodargento/filodargento_mappa.htm

L'Artigiano per gli anziani

Artigiani disponibili ad effettuare interventi di assistenza, manutenzione, riparazione e fornitura di servizi al domicilio degli anziani assicurando un trattamento preferenziale alle tariffe minime previste dalla Camera di Commercio di Milano: è quanto previsto dalla convenzione che l'Auser Filo d'argento ha sottoscritto con l'Unione artigiani della Provincia di Milano e con la collaborazione della Regione Lombardia. Telefonando al numero verde del Filo d'argento 800.995.988, le persone anziane che hanno bisogno di un artigiano potranno contare su correttezza e tariffe calmierate.

L'Artigiano per gli anziani
Numero verde 800.995.988

Altri servizi dell'Auser

Un valido riassunto dei principali servizi Auser (vedi anche capitolo "Il volontariato e l'impegno", pag. 91) e un elenco di tutte le sedi a Milano e Provincia si trova all'indirizzo internet:

http://www.cgil.milano.it/Servizi/Altri/ServAUSER.htm

SINDACATI PENSIONATI E ASSOCIAZIONI COLLEGATE, PATRONATI

Spi-Cgil

Spi Regionale Lombardia. Via dei Transiti, 21 - 20127 - Milano (MI)
Tel. 02-28.85.831 - Fax 02-26.82.52.32. E-mail spi@lomb.cgil.it
Siti internet: http://www.spi.cgil.it (sito nazionale) e
http://www.signoreesignori.it

Bergamo Via Giuseppe Garibaldi 3/e - 24122, Bergamo
Tel. 035-35.94.150, e-mail: spibergamo@cgil.lombardia.it
Brescia Via F.Folonari 20 - 25125 - Brescia
Tel. 030-37.29.370, e-mail: spibrescia@cgil.lombardia.it
Como Via Italia Libera 23 - 22100 - Como
Tel. 031-23.939, e-mail: spicomo@cgil.lombardia.it
Cremona Via Mantova 25 - 26100 - Cremona
Tel. 0372-44.86.04, e-mail: spicremona@cgil.lombardia.it
Lecco Via Besonda 11 - 22053 - Lecco
Tel. 0341-48.82.44, e-mail: spilecco@cgil.lombardia.it
Lodi Via Lodi Vecchio n.31 - 26900 - Lodi
Tel. 0371-61.60.28, e-mail: spilodi@cgil.lombardia.it
Mantova Via M.Argentina Altobelli 5 - 46100 - Mantova
Tel. 0376-20.222, e-mail: spimantova@cgil.lombardia.it
Pavia Via Brusaioli 10 - 27100 - Pavia
Tel. 0382-41.31.11, e-mail: spipavia@cgil.lombardia.it
Sondrio Via Petrini 14 - 23100 - Sondrio
Tel. 0342-54.13.11, e-mail: spisondrio@cgil.lombardia.it
Varese Via Nino Bixio 37 - 21100 - Varese
Tel. 0332-27.62.14, e-mail: spivarese@cgil.lombardia.it

Fnp-Cisl Milano

Via Tadino 23 - 20124 Milano. Tel. 02-20.46.114
Fax 02-29.52.36.83 - E-mail: fnpmilano@tiscali.it

Uilp-Uil

Via Campanili 7 - Milano. Tel. 02-67.110/1 - Fax 02-67.11.02.450
E-mail: lombardia@uilpensionati.it

Auser Lombardia
Via dei Transiti 21 - Milano
Tel. 02-26.11.35.24 - Fax 02-28.96.729

Antea - Ass. nazionale terza età attiva
Via Tadino 23 - 20124 Milano
Tel. 02-20.52.53.46 - Fax 02-29.52.36.83
Sito internet: http://web.tiscali.it/anteamilano/

Ada - Associazione per i diritti degli anziani
Via Moretto da Brescia 1 - 20133 Milano. Tel. 02-70.00.54.05

Fap Acli - Federazione anziani e pensionati
La Fap assiste i propri associati in diversi campi, attivando iniziative finalizzate a sviluppare l'autorganizzazione sul territorio, sostenere i loro diritti, potenziare e promuovere attività di volontariato mettendo a disposizione le strutture e l'esperienza del movimento aclista.
Il Patronato Acli è un servizio sociale che opera da oltre 50 anni con 2.000 sportelli in Italia e nel mondo. Dispone di 750 operatori specializzati in materia previdenziale e assistenziali e di 3.000 operatori sociali. La Fap, tramite il patronato, offre gratuitamente ai propri associati assistenza per pensioni per invalidità, vecchiaia, anzianità e superstiti sia italiane che estere, pensioni dello Stato e del Pubblico impiego, prestazioni per invalidità civile, cecità, sordomutismo e indennità di accompagnamento, prestazioni per malattie e disoccupazione, contributi volontari, riscatto e ricongiunzioni, sportello immigrati (rinnovi permessi di soggiorno, ricongiungimento familiari, carta di soggiorno).
Inoltre assiste nella compilazione della dichiarazione dei redditi, nelle pratiche assicurative e promuove iniziative per il tempo libero, didattiche e culturali.

Fap Acli - Federazione Anziani e Pensionati
Via della Signora 3, Milano. Tel. e fax 02-77.23.224.
E-mail: fap@aclimilano.com - Sito: www.aclimilano.com

ALTRI SERVIZI E ASSOCIAZIONI

Coop Lombardia

Sono diversi i servizi e le iniziative a cui partecipa Coop, la cooperativa di consumatori che rappresenta la principale catena di distribuzione nazionale e che persegue politiche sociali che coniugano struttura commerciale e mission cooperativa. "Per te" è la rete dei sevizi Coop per famiglia e persona.

Teleassistenza: si rivolge a cittadini anziani o con situazioni a rischio, in condizione di isolamento che vogliono ricevere risposte adeguate a bisogni di tipo sociale, sanitario relazionale 24 ore su 24. In caso di bisogno l'utente invia con un radiocomando il segnale alla centrale operativa che attiva sanità, amici e parenti, servizi di assistenza domiciliare. Numero verde 800.990.000

Carta Equa: richiedendo e usando Carta Equa per il pagamento in tutti i punti vendita Coop Lombardia si contribuisce, aggiungendo una percentuale di solidarietà alla tua spesa, a dare la possibilità a molte persone bisognose - tra cui persone anziane - di acquistare beni di prima necessità in autonomia e dignità. Al progetto concorrono Coop Lombardia, Banca Etica e Caritas Ambrosiana.

Due mani in più: un esperimento targato Coop e Caritas. La consegna della spesa gratuita, riservata ad anziani con più di 70 anni in condizioni di disagio o riduzione dell'autonomia nel quartiere di Baggio. Il progetto è gestito dai soci Coop di Baggio, dai volontari Caritas del quartiere e da cooperative sociali del Consorzio Farsi Prossimo. Le persone sono segnalate dagli operatori del Centro multiservizi anziani del Comune di Milano e dalla rete di vicini e volontariato. Un *call center* raccoglie le richieste e mantiene i rapporti con gli anziani. Le richieste sono quotidianamente comunicate all'Ipercoop Le Torri di Baggio, i cui addetti provvedono a confezionare le spese in sacchetti individuali, recapitati dagli operatori della cooperativa Filo di Arianna, con la collaborazione dei volontari Coop e Caritas, ai singoli anziani.

Numero verde generale 800.016.706

Opta - Osservatorio prezzi e tariffe anziani

Opta è una rete dell'Adoc, l'Associazione per la difesa e l'orientamento dei consumatori, per il monitoraggio dei prezzi e delle tariffe nei settori più sensibili per la vita dei consumatori più deboli, vale a dire gli anziani. L'attività si è concentrata su alcune tematiche che sono ritenute strategiche per la tutela e la difesa dei consumatori deboli. Con Opta, l'Adoc ha quindi catalogato, analizzato, confrontato le tariffe e i prezzi dei servizi, in riferimento a tre aree particolarmente "sensibili": trasporti, servizi di pubblica utilità e tempo libero, spesa sanitaria

Opta -Adoc
Associazione per la difesa e l'orientamento dei consumatori
Via Di Tor Fiorenza 35 - Roma. Tel. 06-45.42.09.28 -
Fax 06-86.32.96.11. Sito internet: http://www.adoc.org/opta/

Guida Onlus

Guida è un'associazione che offre aiuto e assistenza per i malati - anziani e non - e i loro familiari fornendo informazioni specifiche, indicazioni su come affrontare le malattie gravi e invalidanti, sulle procedure di ricovero e di cura, sul percorso da seguire dal momento delle dimissioni, sulle pratiche burocratiche in modo da alleviare i momenti di difficoltà.
Gli operatori di Guida sono medici, professionisti con competenze psico-sociali e volontari qualificati tramite corsi che li trasformano in *tutor*, ovvero accompagnatori che possono essere di supporto alle esigenze di famiglie e malati. L'intervento è volto innanzitutto a garantire una miglior comunicazione a malati e familiari, con una verifica e un filtro alle informazioni sanitarie, tradotte in dati semplici e riferite a chi si rivolge all'associazione, ma senza mai interferire con le indicazioni dei curanti.

Guida Onlus
Numero verde 800.907.390
Via Benedetto Marcello 2 - 20124 Milano
Tel. 02-29.53.41.00 - 02-74.28.13.05 - Fax 02-29.53.54.76.
E-mail: info@guida-onlus.it - Sito internet: www.guida-onlus.it

SITI UTILI PER LA TERZA ETÀ IN ITALIA

- **www.affarisociali.it**
  Il sito ufficiale del ministero degli Affari Sociali
- **www.regione.lombardia.it**
  Il sito ufficiale delle Regione Lombardia
- **www.provincia.milano.it**
  Il sito della Provincia di Milano
- **www.comune.milano.it**
  Il sito del Comune di Milano
- **www.censis.it**
  Il sito ufficiale del Censis
- **www.istat.it**
  Il sito ufficiale dell'Istat
- **www.pensionilex.kataweb.it**
  Il sito per conoscere tutto sulle pensioni
- **www.nonprofit24.ilsole24ore.com**
  La sezione del nonprofit de Il Sole 24 ore
- **www.anziani.it**
  Sito privato di informazioni e community per anziani
- **www.informanziani.it**
  Portale di informazioni del consorzio "Anziani e non solo"
- **www.libereta.it**
  Il sito che nasce dalla rivista di Spi-Cgil
- **www.socialinfo.it**
  Sito privato d'informazione sui temi sociali
- **www.terzaeta.com**
  Sito dedicato alle problematiche della terza età
- **www.eurag-europe.org**
  Federazione europea persone anziane
- **www.own-europe.org**
  Older women's network, Europe
- **www.aarp.org**
  American Association of Retired People

I GRANDI TEMI

LA MEMORIA E IL TEMPO

Intervista a Giancarlo Majorino

Giancarlo Majorino è uno dei più originali poeti italiani contemporanei. È nato a Milano nel 1928, dove ha sempre vissuto, prima nella zona di viale Piave e poi al Lorenteggio. Attualmente insegna Estetica e Semiotica alla Nuova Accademia di Belle Arti. Ha fondato e diretto la rivista "Il Corpo" e ha collaborato, con poesie e note critiche, a varie riviste, quali "I Verri", "Menabò di letteratura", "Paragone", "Quaderni piacentini". Numerose le raccolte, a partire da "La Capitale del nord" (Schwarz ed. Milano, 1959), fino all'"Autoantologia" (Gli Elefanti-Garzanti, 2001), che raggruppa tutta la sua produzione poetica.

Majorino, qual è la sua Milano?
Vista da persona e vista da poeta...

Sono legato enormemente a Milano, ci sono nato e ho vissuto sempre qui. Forse per questo l'ho sempre difesa, come città, dai suoi detrattori, anche in qualità di artista. C'è una sincerità in Milano. A mio parere qui si è meno 'ingannati' che altrove, sono più evidenti i rapporti di potere, la dittatura dell'ignoranza e del sopruso. È una città che dà ampie possibilità a chiunque. Del resto, nel '59, quando non c'era neanche il pensiero della Lega, ho scritto il mio primo libro che s'intitolava proprio "La Capitale del Nord".

Quanto è cambiata da allora?

L'ho vista cambiata dalla storia. Il dopoguerra era una pagina nuova, c'era quel clima irripetibile di possibilità, subito dopo la guerra e la dittatura. Un clima che è poi cambiato. Non sono un nostalgico. Si sta meglio ora di allora, ma è anche vero che si sarebbe potuto fare molto meglio e di più.

Come vive, che cosa le piace fare?

Io sono un poeta, lontano dai guadagni ma almeno libero. Per vivere ho fatto l'insegnante di filosofia e storia al liceo; mi sono pensionato presto, ma mi mancava, e sono tornato a insegnare Estetica e Semiotica alla Nuova Accademia di Belle Arti, perché mi piace e mi sembra di raccontare cose degne di un'esperienza vera. Di parlare di felicità. Che è sempre una cosa che fa drizzare le orecchie alle persone. Anche per il mio ottimismo e per la fortuna che ho avuto nella mia vita sono sempre riuscito a mettere insieme felicità e lotta per la giustizia. Questo è importante al punto che il mio ultimo lavoro "Prossimamente" (uscito con Lo Specchio-Mondadori), parla proprio di come sono le cose oggi, della forbice tra chi ha e chi non ha, della distruttività e dell'aggressività di un presente estremamente vivo, che rappresento come una torcia, la quale - è vero - distrugge ma anche ilumina.

Si sente "anziano" tra gli anziani?

Guardi, per dire, lavoro dal 1969 a un poema che il mio editore ha deciso uscirà nel 2008, quando avrò 80 anni (la ricorrenza lo fa sorridere *ndr*). Per gli anziani... a volte il problema è più sopravvivere che vivere. Vedo quelli della mia zona - una zona di vecchi il Lorenteggio, quando ci sono arrivato si chiamava addirittura il quartiere dei 'grigioni' - che pascolano il cagnolino o il nipotino e poi si rintanano a vedere la tv. Le potenzialità sono molto più alte. Così come possiamo alleviare di più la rete pesante dei loro problemi concreti.

Che cosa c'è di prezioso nelle persone anziane? Hanno un posto nella sua poesia?

Purtroppo non interroghiamo abbastanza le persone più esperte. Ci sono in loro tesori nascosti e inerti. Una della cose che nel 1968 mi entusiasmavano era il racconto dei giovani cinesi che durante la rivoluzione culturale interrogavano gli anziani. Non dobbiamo trascurarli.
Gli anziani sono presenti nella mia poesia. Soprattutto cerco di rendere evidenti quelli che sono poco considerati. La società oggi tratta bene solo i vecchi che hanno potere, mentre non trova un modo di stare vicino agli altri che non sono più consumatori e "compratori".

La memoria è un sentimento importante?

La memoria fa parte della vita delle persone e in qualche modo 'allunga' quella di chi ha tanti anni alle spalle. Premessa: io non credo alla convenzione ideologica che siamo o monadi o massa. Penso che siamo singoli di molti, ci formiamo attraverso gli altri e le esperienze. Ciascuno è eterogeneo ed è anche 'memoria altrui'. E io in questo vedo una possibilità di non-infelicità.

Che cosa le manca e che cosa sogna per la città?

Io sogno che a Milano ci siano luoghi 'disinteressati', dove approfondire la possibilità di dialogo, fare cultura e arte davvero. Si può fare. In questi anni ho diretto Casa della poesia a Palazzina Liberty, un esempio che ci possono essere dei luoghi democratici e aperti davvero. E alla fine al centro di tutto ci deve essere sempre la felicità delle persone.

LA "MILANO DELLA MEMORIA"

I libri de "La Milano della Memoria" sono una raccolta dei ricordi, suddivisi per zona, di 281 anziani che frequentano i Centri aggregativi multifunzionali (CAM) raccolta negli anni scorsi, per iniziativa dell'ex-assessore al decentramento Gallera. Nove libri, ormai quasi introvabili (solo alcuni sono alla biblioteca Sormani) che forniscono uno spaccato del Novecento, fatto di storie, aneddoti, proverbi e ricette. Sono scritti con garbo e ironia. La chiosa a questo lavoro si intitola "Storie di Milano": in 9 capitoli, tanti quante le Zone, l'autrice Giovanna Ferrante fa rivivere nella sua vita quotidiana personaggi realmente esistiti insieme ad altri leggendari, e descrive luoghi storici simbolo della città.
Alcuni brevi brani dalla "Milano della memoria", tratti dai racconti delle zone 1, 8 e 9.

Ferdinando

«Durante la buona stagione, la domenica si andava a un laghetto artificiale ai margini della città, portandoci il cibo da casa. Questa specie di laghetto in città , con la sua spiaggia che mi piaceva tanto, era stato scavato, forse per ricavare sabbia e ghiaia per le costruzioni, una decina di anni prima che io nascessi, attorno al 1920 nella zona che i vecchi milanesi chiamano ancora Porto di Mare. L'acqua che veniva da una risorgiva della falda sotterranea era pulitissima e gelida. Tanto per dire, non facevamo neppure il bagno per il pericolo delle correnti freddissime e c'era anche da temere per le alghe e i canneti che rendevano poco sicura l'uscita dall'acqua. Ma non mi importava: mi sembrava di stare al lago...»

Ida

«Nel 1902 il nonno, già in pensione, vide scomparire l'ultima linea a cavalli che collegava ancora via San Vittore con Porta Ludovica; mio padre, che era un sanguigno, credo che si rivoltò dentro a vedere quella novità. Tra il suo risentimento personale e le bestemmie del nonno per la fine della

SAO e "lo scempio" dell'elettrificazione, non volle fare il tranviere; di mestiere fece il tipografo e i tram neppure li prendeva, tanto lui andava sempre in bicicletta; almeno così mi raccontò tanti anni dopo il fratello minore, zio Angelino.
La Milano di allora era piccolina e mio padre la girava tutta in bici, bestemmiando anche a voce alta contro i tram, soprattutto quando portava sul lavoro il pranzo nella "schiscetta" e tra pavé e rotaie doveva mettercela tutta perché la colazione non si ribaltasse.»

Alberto

«Erano quelli gli anni delle vere nebbie per le quali Milano porta una fama dura a morire. Fu una notte di nebbia milanese che al Monumentale ci fu un incidente, raro, forse unico, nel quale ad urtarsi in maniera piuttosto seria furono le teste di due automobilisti che viaggiavano in direzione opposta a finestrini abbassati, sporti al massimo per cercare di vedere la striscia bianca della segnaletica stradale!
Il fenomeno delle nebbie milanesi non si è attenuato tanto rapidamente e ancora alla fine degli anni 60 una nostra amica fresca di patente, spaventata da tutto quell'impenetrabile chiarore bianco, lasciò la macchina sui binari del tram all'incrocio del Monumentale e non prese più il volante in mano. Allora e per un bel po' d'anni non era raro vedere le pecore pascolare sui giardinetti di Musocco, ma anche in zone meno fuori, e mi capitò di incontrare dietro via Osoppo un gregge di qualche decina di capi; nulla comunque in confronto alla straordinaria transumanza notturna che svegliò tutta corso Lodi in una notte del 1965.»

Adalgisa

«La strada era il nostro campo di giochi e ricordo che andavamo cercando i cuscinetti a sfere scartati dalla fabbrica di corso Lodi per costruirci i nostri monopattini e i carrettini a ruote: i *go-kart* di quegli anni. I giochi erano per lo più quelli dei maschietti perché questi erano in maggioranza, ma qualche volta noi ragazzine ci mettevamo a giocare con le

bambole. Noi di quelle bambole ne avevamo solo una ciascuna ed erano quelle con il corpo di stoffa e la testa di porcellana. Era un giro un poco complicato, con le bambolaie lavoranti in casa, nostre vicine, che ricevevano le teste in porcellana grezza e le dipingevano; quelle forse riuscite meno bene le scambiavano con qualche lavoro ricamato dalla nonna che ci dava le teste e noi avevamo il nostro daffare a completare le nostre bambole con scarti di stoffa, scampoli e ritagli inservibili (...).
I maschi cercavano sempre di dominarci con i loro giochi, trottola con il chiodo e sottomuro, anche se noi avevamo Il Mondo con i segni di gesso per terra.»

Ester

«E per tornare agli ambulanti con i loro profumi e le loro mercanzie, gli " anciuat", con il carretto carico di acciughe salate, saracche, sardine... (...) Prediletti, da noi ragazzi, erano i venditori di ghiaccio per le ghiacciaie, prima che si diffondesse l'uso dei frigoriferi; speravamo sempre nel regalo di una scheggia di ghiaccio da succhiare, come oggi si fa con i ghiaccioli. Le massaie aspettavano spesso il "magnan", che riparava pentole di ogni tipo; era frequente che venisse richiesto il suo intervento; allora quasi tutti i tegami erano di alluminio, che facilmente si forava a furia di passarvi la paglietta metallica per pulirli. Altrettanto benvenuti erano i carri che vendevano frutta, verdura e soprattutto patate con il loro richiamo indimenticabile *"Patatuni, patatuni, done!"*.
Specializzato, a suo modo, era il venditore di soda, sapone ed altri detersivi perché poteva essere pagato con stracci e carta; sovente il sapone veniva fatto anche in casa; serviva la liscivia, che faceva parte del "pacchetto" di questo venditore.
Ma il ricordo più vivo e permanente era quello della Pirelli che si confondeva, a volte, con quello degli ambulanti che si raccoglievano all'uscita dei turni principali, con le loro bancarelle...(...) ricordo la sciamare degli operai, fino alla fine dei turni quando poi il quartiere diventava deserto. Era impressionante veder tutte quelle persone uscire dai cancelli, erano

20.000 in totale. Con il cambio del turno, l'aria sui tram era quasi irrespirabile, c'era un fortissimo odore di gomma cotta.»

Aldo

«Sono nato in via Paolo Sarpi, che una volta era detta "la piccola Parigi". Quand'ero piccolo vi si vendeva di tutto, abiti, stoffe, c'erano mercanti e mercantesse, tanti negozi di cibi cotti gestiti in prevalenza da toscani, Poi ricordo la merceria Babilonia che teneva le cose dentro un ombrello rovesciato.»

Umberto

«Pescavamo i pescetti nelle cave e ce li friggevamo sul posto; erano pesci importati dall'Estremo Oriente per eliminare i vermi delle risaie, bellissimi e grandi come i pesci rossi che ora vediamo nelle vasche. Si trattava, però, quando erano grandi, di pesci quasi non commestibili, a causa delle tante lische che avevano, ma mangiati ancora piccoli erano squisiti. Noi li prendevamo col sistema del secchio e ce li friggevamo con dell'olio; lo pagavamo con i soldi guadagnati dal ferrivecchi a cui portavamo tutto il metallo che riuscivamo a racimolare in giro. (...) Nei pressi del Cimitero Maggiore c'era un fosso che (...) faceva il giro di tutto il cimitero, quasi fosse un castello, quindi si univa nel piazzale a un'altra fonte e da lì diventava la Merlata; questa poi confluiva nell'Olona e (...) alimentava i vari fossati dei campi: noi ci facevamo il bagno. A pesca non potevamo competere con la gente adulta che lì aveva costruito la sua base commerciale. Dove i due bracci esterni si riunivano davanti al Cimitero, c'era una specie di "tombone" pieno d'acqua, che aveva delle ante di ferro che si potevano alzare e abbassare e nel fondo di quelle pozze avevano la loro dimora un sacco di pesci e innumerevoli, enormi, gamberi d'acqua dolce! Con questi si faceva festa all'osteria Aurora che era in piazza del cimitero; un poco di sollievo, qualche volta, per i dolenti che avevano accompagnato all'ultima dimora un loro caro...»

LA MILANO DELLA LIBERAZIONE

Un passato più recente della città è legato alla Resistenza, di cui Milano è città simbolo e medaglia d'oro. Sono numerose le iniziative di memoria storica che le associazioni partigiane propongono per il 25 aprile e non solo.

Comitato Provinciale ANPI
Via Pietro Mascagni 6 - 20122 Milano
Tel. 02-76.02.33.72/3 - Fax 02-78.46.75
E-mail: anpi.milano@tiscali.it
Tutte le sedi della Lombardia sono sul sito internet:
http://www.anpi.it/sedi.htm

Istituto nazionale per la storia del Movimento di liberazione in Italia
Viale Sarca 336 - Palazzina 15 - Milano
Tel. 02-64.11.061 - Fax 02-66.10.16.00
Sito internet: www.italia-liberazione.it

Istituto lombardo per la storia della Resistenza e dell'età contemporanea
Piazza Duomo 14 - Milano
Tel. e fax 02-80.56.427

"Milano 1940-1945. La guerra, l'Occupazione, la Resistenza, la Liberazione"
Una guida multimediale su quattro itinerari storici che riportano ai tempi della Resistenza lombarda, in particolare quella di Milano. La guida si avvale di un supporto cartaceo ricco di immagini fotografiche, descrittivo degli itinerari proposti e dei momenti più significativi della Resistenza milanese.
Info: Auser Lombardia, tel. 02-26.11.35.24

DARSI DA FARE: LAVORO E PROFESSIONALITÀ

L'IMPRENDITORIA: LAVORARE? NON STANCA

Il lavoro è una droga: secondo uno studio dell'associazione "50&più Fenacom" di Confcommercio il 64,5 per cento degli over 60 non vuole smettere di lavorare e una persona su tre tra i 60 e i 69 anni mantiene un legame con l'attività lavorativa. Del resto, per la Camera di Commercio, Milano conta 2.576 imprenditori ultrasettantenni: 1.949 uomini e 627 donne. Se consideriamo l'intera Provincia i numeri salgono: su un totale di 5.187 imprenditori ultrasettantenni attivi, 3.985 sono uomini e 1.202 donne.
La maggior parte è costituita da commercianti, al dettaglio o all'ingrosso; seguono, staccate di parecchio, le attività manifatturiere e quelle connesse all'agricoltura. La passione per l'attività scelta è ciò che più accomuna gli esperti capitani d'impresa. Secondo la ricerca "intendono proseguire finché ce la faranno". La maggior parte passerà la propria impresa ai figli o familiari che già collaborano imparando nel frattempo i trucchi del mestiere. C'è chi si è fatto da solo e chi ha studiato per indirizzarsi a una determinata attività (farmacista, geometra, triennio commerciale...). Ne raccontiamo le storie.

Imprese con le rughe

«Dalla pastiera al panettone il passo è breve. Giuseppe Martignetti, 92enne originario della costiera amalfitana, ha sfondato facendo panettoni all'ombra della "Madunina". Un'abitudine, quella di fare dolci, che non ha ancora perso. In una Milano assediata da megastore e centri commerciali, da attività che aprono e chiudono nel giro di pochi mesi, lui, imprenditore ultrasettantenne resiste, gli stessi gesti ogni giorno, una professionalità antica al servizio di una clientela affezionata.

Martignetti, con i suoi 92 anni, è il più anziano imprenditore milanese in attività: ha un laboratorio di pasticceria in via delle Primule, nel quartiere milanese di Lorenteggio. Ogni mattina avvia l'impastatrice del suo laboratorio e con l'aiuto del suo assistente inizia a servire i clienti: "Potrei ritirarmi - dice - ma sono contro la pensione. La pensione rincoglionisce noi vecchi, per questo continuo a lavorare". Gli fa eco Luigi La Pegna, che pur vivendo in una casa di riposo per musicisti continua a dirigere la Acom, un'organizzazione concertistica internazionale: "Lavoro sei ore al giorno, sabato compreso, e mi diverto ancora moltissimo. Non sarei capace di vivere diversamente".

A differenza di Martignetti, che a Milano è arrivato nel 1934 dal Sud, il maestro Luigi La Pegna nel capoluogo lombardo è nato 85 anni fa e non se ne è mai andato. Laureato in giurisprudenza alla Cattolica e diplomato in pianoforte al conservatorio di Parma, prima di inventarsi impresario ha insegnato alla Scuola musicale di Milano. Ricorda con orgoglio che a quei tempi faceva anche il giornalista: "Nel 1947 fondai Diapason, la prima rivista di musica contemporanea nell'Italia del dopoguerra". La Acom invece risale al 1950, ed è nata con l'obiettivo di diffondere la cultura musicale e lanciare nuovi talenti. Da qualche anno La Pegna ha scoperto la potenza di internet e ha allargato le sue prospettive. "Ormai non posso più farne a meno - racconta -. La prima cosa che faccio ogni mattina è accendere il computer: scarico la posta elettronica, controllo il mio sito personale e mi metto a cercare musicisti sconosciuti da valorizzare". Di recente ha trovato un direttore d'orchestra dello Sri Lanka specializzato nelle sinfonie di Mahler. "Sono queste le cose che mi danno ancora soddisfazione, per me la scoperta di un nuovo artista è tutto". La Pegna si avvale della collaborazione di due giovani aiutanti. Anche la loro vicinanza lo aiuta a rimanere "giovane". "Per lavorare bene con qualcuno deve andarmi a genio anche come persona - dice -, la ragazza che mi aiuta con il computer l'ho assunta dopo aver fatto una cinquantina di colloqui. È bellissima. Peccato che oggi non sia venuta, se l'avesse vista sarebbe rimasto di stucco". La Pegna, che non è mai arrivato all'altare, assicura di averne combinate "di cotte e di crude".

Martignetti ha invece diviso le gioie e i dolori di tutta una vita con la moglie, che è mancata qualche mese fa e che lo ha aiutato a mandare avanti la pasticceria dai primi difficili inizi a quando, negli anni 60, ogni domenica c'era la fila davanti all'ingresso della pasticceria.

"Ho iniziato a imparare il mestiere a 6 anni: la mattina andavo a scuola e il pomeriggio in bottega. A 21 anni sono venuto a Milano assieme ad altri due fratelli: uno faceva il barbiere, l'altro il gioielliere. Milano mi ha dato tanto, io ho ricambiato portandole la pastiera che prima del mio arrivo qui non conosceva nessuno". Ha lavorato prima alla Motta e poi all'Alemagna: faceva panettoni. Quando ne parla, Martignetti ridacchia e gli occhi chiari gli scintillano divertiti: i responsabili della fabbrica gli impedivano di parlare in presenza dei clienti, perchè un napoletano addetto ai panettoni non si era mai visto. Eppure sono proprio i panettoni a permettergli di fare il grande salto: dopo un invito a Verona per insegnare alle imprese che stavano nascendo in quegli anni l'arte dell'impasto, guadagna i soldi necessari a mettersi in proprio, e nel 1949 apre il suo primo laboratorio.

Gli anni tra il lavoro in azienda e l'apertura della sua pasticceria, Martignetti li liquida con un sorriso amaro: anni di acciaio, fame e filo spinato. "Prima l'arruolamento e le sabbie di El Alamein - racconta - poi quattro anni di prigionia nei campi inglesi". In mezzo una medaglia d'argento e un atto di eroismo di cui parla malvolentieri, lo sfondamento delle linee nemiche per ripristinare una linea telefonica interrotta. E oggi? Metodico, continua il suo lavoro ogni giorno dalla mattina fino alle 19, col suo assistente che ormai ha 52 anni e sta con lui da 25. "Questa pasticceria è la mia vita - dice - quando verrà il mio momento voglio andarmene qui dentro. Voglio che mio figlio mi trovi con la faccia nella pasta dei dolci.»

"Extra-imprese" d'annata

«Joseph Sedgh, 85 anni, fa parte della prima ondata di stranieri giunti in Italia per lavorare. Iraniano e commerciante di tappeti, è arrivato a Milano il 14 giugno 1947, scelto dal governo persiano per rappresentare il suo Paese alla fiera. Da allora non è più andato via.

Secondo la Camera di commercio di Milano (dati 2005), gli imprenditori stranieri ultrasettantenni residenti nel capoluogo lombardo sono 154, di cui 110 provenienti da Paesi extracomunitari.

La comunità più rappresentata è quella iraniana (14,5 per cento), che opera esclusivamente nel settore del commercio; gli immigrati egiziani seguono a breve distanza (12,5 per cento) e dimostrano una maggiore versatilità: le loro attività vanno dal commercio al manifatturiero, dai trasporti alle attività immobiliari; marocchini, cinesi e serbo-montenegrini, le altre nazionalità più diffuse, sono tutte attestate sul 7 per cento.

La vicenda di Seghd è anche quella dell'insediamento della comunità iraniana in Italia.

Ha lavorato e continua a lavorare nell'import-export di tappeti e medicinali; grazie alla sua attività ha conosciuto diverse personalità: Luigi Einaudi, Alcide De Gasperi, il conte Sforza. Fu lui a presentare Enrico Mattei allo Scià, e fu aiutato nientedimeno che da Bettino Craxi, che abitava nello stesso elegante condominio di via Foppa, ad ottenere la cittadinanza italiana: "Mi avevano proposto anche quella francese, ma ho rifiutato. In Italia nessuno mi ha mai offeso: qui ho trovato molta civiltà e umanità".»

IMPRESE DI ANZIANI A MILANO E PROVINCIA

	MILANO	PROVINCIA	TOTALE MI+PROV.	PERCENTUALE UOMINI/DONNE
Uomini	1.949	2.036	3.985	76,8%
Donne	627	575	1.202	23,2%
Totale	2.576	2.611	5.187	100%

Elaborazione Camera di commercio di Milano su dati registro imprese II trim.2005

Antichi mestieri a rischio di estinzione

«Imprenditorialità "anziana" è anche sinonimo di produzione d'elite e di mestieri che rischiano di scomparire. Le amministrazioni locali stanno tentando di recuperare e valorizzare queste attività: il Comune di Milano, ad esempio, ha pubblicato un bando per il conferimento dello status di "Bottega storica di Milano" alle imprese/aziende commerciali e artigiane operanti nella città da oltre 50 anni. La Camera di commercio di Milano, invece, ha recentemente dato alle stampe il volume "I locali storici di Milano" in cui vengono recensiti 99 esercizi che possono già vantare oltre 50 anni di attività, e che spesso rappresentano professionalità antiche che si tramandano di padre in figlio; 33 tra le botteghe recensite possono vantare oltre 100 anni di attività, mentre le altre 66 superano comunque i 50. Tra gli esercizi che hanno già ottenuto lo status di bottega storica meneghina c'è per esempio "Rossignoli", negozio di biciclette aperto nel 1900 da Giorgio Rossignoli, e che oggi, nella sede di Corso Garibaldi, all'attività originale affianca anche la vendita di motocicli e viene gestito da Giorgio, Giovanna e Renato, nipoti del fondatore. Oppure la cappelleria Melegari di via Paolo Sarpi, dove Paola e Sergio, nipoti del fondatore Ferdinando, tramandano la tradizione familiare. Dice Sergio: "Avverto la responsabilità di 'salvare' un mestiere antico e destinato ad estinguersi". »

(Federico Malerba e Antonio Talia - Terre di mezzo 124, aprile 2005)

MANAGER PER BENE

Un ponte tra mondo d'impresa e non profit. Con questa mission - per dirla in gergo aziendale - Sodalitas nasce nel 1995 grazie all'iniziativa di Assolombarda, di un gruppo di imprese, e di alcuni manager. Due gli assi lungo i quali l'associazione opera: "il trasferimento di cultura manageriale alle organizzazioni senza scopo di lucro, da un lato; la promozione della responsabilità sociale d'impresa dall'altro".
Oggi l'Associazione, grazie a un originale mix di volontariato d'impresa e di volontariato individuale, conta sull'apporto di 62 imprese socie e di oltre 80 manager volontari. Di questi la gran parte è in pensione per raggiunti limiti d'età, ma non per questo meno attiva. Dal 1995, anno della costituzione, a oggi Sodalitas ha realizzato oltre 800 interventi di consulenza manageriale pro bono, lavorando a fianco di più di 500 fra organizzazioni nonprofit e imprese. Solo nell'ultimo anno Sodalitas ha avviato 150 interventi di assistenza per un centinaio di organizzazioni, associazioni, ong, fondazioni, cooperative e consorzi mettendo a disposizione circa 7.000 giornate di consulenza gratuita.

Il trasferimento di cultura manageriale ad associazioni, cooperative sociali, organizzazioni di volontariato, organizzazioni di cooperazione internazionale, enti nonprofit avviene dunque attraverso l'offerta di servizi di consulenza pro bono che aiutano le organizzazioni non profit a gestire in modo professionale aspetti-chiave della propria attività.
Complementare rispetto alla consulenza è l'offerta di percorsi formativi e di orientamento, grazie ai quali i manager delle organizzazioni non profit possono rafforzare le proprie capacità professionali.
Rigore e flessibilità. La metodologia di Sodalitas comporta che, pur nel rispetto di un piano generale, il programma di lavoro permetta alle disorientate associazioni di acquisire, oltre alla conoscenza della metodologia e ai linguaggi, la convinzione che le soluzioni individuate si adattano a un'attività volonta-

ristica e a ottenere il 'democratico' consenso di collaboratori e volontari. Un metodo di lavoro efficace si sta rivelando "*Check up*" uno strumento di analisi dei bisogni amministrativi e gestionale delle organizzazioni non profit.
"Ogni 'manager' arriva con il proprio bagaglio maturato in decenni di lavoro - spiega Uberto Russo, dell'ufficio stampa di Sodalitas - competenze di comunicazione, fundraising, rapporti istituzionali, Responsabilità sociale d'impresa. Sodalitas organizza un momento d'incontro tra manager e associazione con la presenza di un esperto di Sodalitas in risorse umane, per orientare e facilitare l'incontro tra bisogni e *know how*.
Il passaparola resta il modo più frequente per entrare in contatto con nuovi professionisti, seguono il sito web e gli articoli. Negli anni il *range* di competenze si è allargato, dall'*information tecnology* alla finanza, ma la motivazione è la stessa, la volontà di continuare l'esperienza lavorativa e dare insieme una mano. Più di uno si lascia coinvolgere. Un nostro associato è andato a Zanzibar per progettare in loco la costruzione di una scuola".

Maria Teresa Scherillo, storica iniziatrice e *deus ex machina* di Sodalitas lo ribadisce: "Lo spostamento dalla mia azienda (l'Ibm *ndr*) mi ha sollecitato a tirar fuori i miei desideri e le mie competenze in un contesto che condicideva dal punto di vista ideale. Mi vien davvero da dire 'Ora che posso': è una bellezza, sono indipendente, rispondo a una questione valoriale e sono libera di farlo con la mia testa" Sodalitas è stata una bella finestra sul mondo. "Un luogo di opportunità dove sono confluite le competenze di molti. Noi non 'trasferiamo' competenze, le mettiamo a disposizione perché siano fruibili. Noi aiutiamo a 'stare sul problema e a far acquisire al non profit 'consapevolezza gestionale'.

Il pensiero di Pierangelo Colico, senior manager che da tre anni tiene corsi e interviene direttamente soprattutto sul tema del marketing viene suffragato da esempi vissuti: "Appena uscito da una pluridecennale esperienza di marketing in Ibm, la

preoccupazione era di riversare tutto quello che sapevo in un altro contesto, Poi mi sono accorto che i miei interlocutori erano perplessi e imbarazzati. E ho capito che avevo sbagliato approccio. Allora mi è capitato di 'provare sul campo', tra l'altro con una cooperativa di tipo A che gestisce asili nido. Io manco sono sposato... Mi sono messo in ascolto e ho capito diverse cose. Che nel mondo non profit si è riluttati anche solo a usare la parola 'marketing' o quella 'profitto'.
Allora invece di proporre soluzioni, ho cominciato a creare problemi, incertezze e opportunità e ad affiancarle alle conoscenze. Da qui sono venute fuori cose nuove. Che non si può dire 'profitto' ma 'sostenibilità economica' e 'continuità', sì. Che non si vuole fare marketing ma che si può trovare un modo di differenziarsi sul mercato e scoprire che si è un caso di successo. In conclusione ci si diverte e si impara moltissimo. Ogni scenario è totalmente nuovo e da costruire".

Sodalitas
Associazione per lo Sviluppo
dell'Imprenditoria nel Sociale
Via Pantano 2 - 20122 Milano
Tel. 02-86.46.02.36/08.42 - Fax 02-86.46.10.67
E-mail: sodalitas@sodalitas.it
Sito internet: www.sodalitas.it

Sodalitas Network

Sodalitas Network è una rete di associazioni di volontariato professionale ben radicate sul territorio che si rifanno al modello operativo di Sodalitas. Il Network è attivo nelle maggiori città del Nord e Centro Italia e opera anche grazie al supporto delle Associazioni industriali locali e al coinvolgimento di oltre 250 volontari. Con 16 realtà operative, il Network rappresenta una delle organizzazioni di volontariato professionale più diffuse a livello nazionale e assicura una vasta gamma di interventi a favore del Terzo settore.
Riportiamo i dati delle realtà che operano in Lombardia.
Per le altre vedi il sito internet www.sodalitas.it.

Agenzia Newpolis
Vimercate presso Corte Crivelli 37 - via Scotti
20059 - Oreno di Vimercate (Mi)
Tel. 039-66.14.247 - E-mail: newpolis.vimercate@libero.it
Nasce nel 1999 nell'ambito del Progetto Newpolis di Sodalitas per sperimentare in un'ottica più legata al territorio il processo di acquisizione e indirizzo verso il Terzo Settore di risorse professionali in uscita dal circuito attivo del lavoro.

Brianza solidale
Via Correggio 59 - 20052 Monza
Tel. 039-83.50.55 - E-mail: brianzasolidale@libero.it
Attiva dal 1998, collabora attivamente con il locale Centro servizi per il volontariato, coinvolgendo nell'organizzazione di numerose manifestazioni circa 30 associazioni non profit.

Sodalitas Varese
Presso Unione degli Industriali della Provincia di Varese
Piazza Monte Grappa 5 - 21100 Varese
Tel. 335-80.63.266 - E-mail: carlo.manzoni@fastwebnet.it
Ha iniziato la propria attività nel 1996, ma nata ufficialmente nel 2003, offre la propria attività di consulenza in tema di controllo di gestione, marketing e comunicazione e organizzazione del lavoro in favore di cooperative sociali attive nel varesotto.

Sviluppo Non Profit
Via dell'Eremo 28 - 23900 Lecco
Tel. 0341-49.99.17 - E-mail: svi.non.pro@libero.it
Opera a Lecco a partire dal 1997, seguendo numerosi progetti a favore della comunità locale, tra i quali segnaliamo un servizio molto importante per i cittadini: la pubblicazione sul proprio sito internet dei nominativi di 560 cooperative e associazioni socio assistenziali - selezionati tra i circa 1.000 enti attivi sul territorio - suddivisi per aree di intervento.

Le formiche del museo

Dai 60 a più di 80 anni. Sono una trentina gli ex-ferrovieri volontari Auser che, in collaborazione con il Dopolavoro Ferroviario, curano il reparto ferroviario del Museo della Scienza e della Tecnologia. "Portano la loro professionalità, di macchinisti, di esperti degli apparecchi a vapore, tra i pochi che sono in grado di riattivare le apparecchiature e di spiegare ai tecnici come funzionavano e come mostrarli al pubblico" - spiega Marco Iezzi - del settore mezzi di Trasporto del Museo.
Non solo. Anche alcuni ex metalmeccanici, danno una mano alla manutenzione del Museo, nel reparto di competenza, in particolare le telecomunicazioni, e le apparecchiature elettroniche classiche e di precisione. L'impegno è di circa una mattina alla settimana. I futuri progetti prevedono che gli anziani stessi facciano formazione alle guide del museo e che entrino in contatto diretto con il pubblico per spiegazioni e dimostrazioni.
La soddisfazione è reciproca. "Il museo ha anche l'obiettivo di valorizzare e recuperare la memoria degli antichi mestieri - aggiunge Iezzi -. L'ultima impresa? Il recupero del sistema semaforico ottocentesco".

Museo della Scienza e della Tecnologia
Via S. Vittore 21 - Milano
Tel. 02-48.55.51 - Fax 02-48.01.00.16
Sito internet: http://www.museoscienza.org

I LUOGHI E GLI INCONTRI

Intervista a Ivan Della Mea

Ivan (Luigi) Della Mea nato a Lucca nel 1940 e poi trapiantato a Milano, è stato uno dei più attivi autori nel campo della nuova canzone sociale e civile. Ritiratosi dalle scene, nel 1985 diventa presidente del circolo milanese Arci Corvetto, periferia Sud-Est della città e, nel 1996, direttore dell'Istituto De Martino, in Toscana. Riprende poi a incidere pubblicando con l'etichetta discografica del quotidiano Il Manifesto.

Ivan, come hai conosciuto gli anziani?

L'incontro è avvenuto nel 1985, quanto ho avuto l'occasione di diventare presidente del più grande circolo Arci dell'Italia settentrionale, carica che ho mantenuto fino al 1997. Ho conosciuto molti anziani e li ho conosciuti molto bene, in tutte le situazioni. Il mio rapporto è stato in presa diretta e non mi sono mai permesso di fare 'il presidente', di comandare anche quando mi incazzavo e credo questo sia stato apprezzato.

Che cos'era Arci Corvetto?

Un Circolo Arci innanzitutto, definito impropriamente il Leoncavallo *ageé*, ma di fatto davvero totalmente autogestito, di cui anche la giunta Formentini - che da piano regolatore voleva cancellarlo - ha dovuto riconoscere l'importanza sociale.

E poi è... un osservatorio di realtà ed esperienza. Mi spiego meglio con un esempio. I primi tempi non facevamo mensa ma a mezzogiorno il bar si riempiva di vecchietti. Abbiamo avviato una mensa autogestita che esiste tutt'ora. Oppure. Quando mi sono accorto che se muore il marito la moglie è quasi sempre autonoma, mentre se muore la moglie il vedovo non si sa fare neppure le uova al tegamino, abbiamo indetto dei magnifici corsi di economia domestica. Del tipo: lavarsi la biancheria intima la sera per averla pulita la mattina. E ancora, sapevo che finché un anziano riusciva ad arrivare al circolo (qualche volta organizzavamo un "servizio" di trasporto), tutto bene. Quando non si vedevano più voleva dire che stavano morendo.
Per il resto il circolo era un luogo, per loro "il" luogo. A questi livelli non c'è connotazione ideologica. Il modo più autentico è il rapporto di scambio alla pari, non in nome di un 'democraticismo', ma della vita che si passa in comune.

Milano è una città a misura di anziano? Cosa si può fare di più e meglio?

Milano dovrebbe dare maggiore possibilità a questo tipo di istituzioni non formali. Il problema di Milano oggi è che spesso l'anziano non ha un luogo per incontrarsi almeno con quelli della sua zona senza che qualcuno gli dica "se non consumi, smamma!". I bar di oggi sono in piedi, in velocità e a prezzi micidiali. Ai tempi - quanto ci ho litigato in sezione, ma avevo ragione - la questione del bianchino a prezzo basso era un obiettivo politico importante. Voleva dire dare più possibilità alle persone di berlo. O di non berlo. A qualcuno addirittura non si fa pagare da bere, ma non nel senso dell'elemosina, ma in quello di un diritto a una 'vita sociale'.

La socialità resta il problema più evidente...

Certo se le pensioni sociali fossero un po' più alte... la socialità riguarda tutti, dai migranti ai portatori di handicap. I portatori di handicap al circolo stanno molto bene. Diventano portatori di felicità e allegria. Felici di poter 'fare una cosa'.

Sempre l'esperienza insegna che con gli anziani i bambini sono un grosso problema. Non da piccoli... fino a 7-8 anni è una cosa stupenda perché incontrano una quantità di nonni. Ma quando diventano più grandi viene fuori una... lotta di classe a cui nemmeno Marx aveva pensato. I ragazzi, preadolescenti e adolescenti hanno bisogno di spazi. E gli anziani difendono il loro 'territorio' spesso con un egoismo cieco, simile a quello del bambino. Fra loro si genera una totale incomprensione! In ogni caso qui è passato di tutto. Per molti anni c'è stato un giro di anziani del Dormitorio pubblico. Se qualcuno avesse potuto guardare dall'alto avrebbe visto le persone che uscivano dai Ricoveri Notturni, vagavano come anime in pena e poi a un certo punto venivano attratte e risucchiate dal circolo. Un discreto numero di extracomunitari che non ha mai creato nessuna conflittualità. Ricordo Amir, un marocchino che andava in giro con la sua tracolla di cianfrusaglie. A mezzogiorno gli regalavamo un caffelatte e un uovo sodo. Per lui era importante.

Gli anziani sono generosi, danno e si danno?

Niente. Su questo sono durissimo ma è così. Anziani o adulti - con la 'tessera'- sentono di aver acquisito una serie di diritti: e scatta la delega totale per l'organizzazione e una 'coscienza sociale' piuttosto scarsa. Per loro l'importante è "il posto", i prezzi bassi, e che alcune cose che appartengono alla loro ritualità, che siano la festa dell'Uva o il Primo maggio, vengano rispettate. Su questo sono pronti, e come...

Che cosa appartiene al quotidiano?

Il ballo è fondamentale. La musica è sempre quella lì. Un repertorio dal sapore 'Sanremo antico' che viene ballato con grande passione. I più tipici dei balli da gara, polka, mazurca, valzer, tango... questo spiega anche il successo di quella trasmissione (Ballando con le stelle *ndr*). Lì si guardano, competono, vengono fuori le bravure. Vengono sempre con i vestiti della festa. Sabato sera e domenica pomeriggio. Molti si iscrivono ai corsi anche per i balli nuovi, tipo salsa e merengue.

Il senso di "comunità" degli anziani...
Be', la comunità funziona, ma solo per difendere il posto dove si trovano. La minaccia di cacciarci via li ha mobilitati come un sol uomo. C'erano 400 persone al Teatro della 14°, quando abbiamo fatto l'assemblea. Come già dicevo, il posto è loro, gli appartiene e tutto il resto è scontato, ci sono solo diritti e nessuna coscienza dei doveri.

Il valore della memoria in una città come Milano.
Nelle loro chiacchiere la memoria è fondamentale, è una suite di ricordi. A volte comuni. La maggioranza sono figli di contadini della Bassa (da lì comincia verso Melegnano e Lodi). E loro sono per la maggior parte ex operai di industria e di fabbriche medio piccole. Poi queste sono state chiuse, come la Tlm (trafilati e laminati metallici) che ospita il circolo. Ognuno è portatore della propria memoria, in comune resta qualcosa delle battaglie politico-sindacali particolarmente pregnanti.

Quanta politica e quanto altro nelle chiacchiere?
Nel 1979 era di sinistra un po' tutto il quartiere. Il Pci prendeva il 40 per cento. Gli stessi sono diventati dei formidabili agnostici. Non ne vogliono più sapere. Più di 1.000 soci e di politica non parla nessuno. Pochissimi leggono il giornale e la maggior parte solo cronaca e sport. Le carte sono quasi obbligatorie. Ormai pochi giocano la scopa liscia e d'assi, nessuno a briscola e tresette, per lo più scala 40 o belot e rebelot. Si chiacchiera parecchio, si parla di sport e di poco altro. Il sesso è ancora il tema principale - con molta autoironia, s'intende - e poi lo sport e pochissimo altro, il gioco delle carte.

Tutti d'accordo con Ivan Della Mea: "Ho raggiunto la leggerezza di una farfalla" - dice proprio una donna intervistata per una ricerca tra gli anziani dei centri sociali di Milano. Qui il 100% del campione considera più che normale continuare una vita sessuale e un alto numero, soprattutto di donne, lo definisce un piacere superiore a quello provato in passato.

VERI ORTISTI

Per avere i pomodori che il vicino si deve comprare al supermercato, per tornare alla terra mezz'ora al giorno, per fare qualcosa con le proprie mani, per fare *garden terapy*. Comunque sia gli orti urbani sono una delle occupazioni favorite degli anziani milanesi. Dall'ultimo censimento ufficiale risulta che a Milano ci sono 1.800.000 metri quadrati di orti abusivi, e 70mila "regolari", assegnati dalle zone di decentramento o dai parchi urbani. Milano a parte, in ogni Comune - per quanto piccolo - ci sono precisi regolamenti per l'assegnazione di appezzamenti a chi non ha la fortuna di aver un proprio giardino.
E l'ortista è un lavoro serio. Lo sa bene Paolo Cottino, architetto e ricercatore, che nel suo libro "La città imprevista. Il dissenso nell'uso dello spazio urbano" (Ed. Eleuthera) racconta il suo incontro con Vito Basilico, il "re degli ortisti abusivi" di via Rizzoli e il meraviglioso mondo interstiziale degli orti, lungo le ferrovie e tra le rogge, patrimonio di anziani e fedeli coltivatori. Eccone alcuni stralci:

«Sul lato sinistro della strada, il fiume Lambro, che dopo l'ultima settimana di piogge scorre pieno e torbido. (...) Osservando inizialmente gli orti collocati direttamente a ridosso del margine del fiume, mi sorprendono i materiali con cui sono state realizzate le barriere di contenimento delle acque: una fila di lavandini in ceramica disposti a gradoni, gomme d'auto e alcune porte in legno. Le recinzioni degli orti in alcuni casi sono realizzate con normalissime reti di metallo, in altri con reti da letto, in altri casi ancora con onduline in plastica, teli e assi di legno di diverso tipo, forma, dimensione e colore, disposti verticalmente. (...) Assi di legno tagliate della giusta dimensione separano le diverse coltivazioni all'interno di ciascun orto e gli attrezzi sono tutti raccolti sotto le tettoie esterne di piccole baracche realizzate con gli stessi materiali di cui si compongono i recenti. L'organizzazione degli spazi interni a ciascun recinto trasmette, per quanto la precarietà

del contesto sia evidente, un'idea di cura, di paziente lavorio per adattare alla coltivazione terreni di risulta. (...) Gli appezzamenti sono di diverse dimensioni, di venti-trenta metri quadrati i più piccoli e di cinquanta-cento metri quadrati i più estesi. (...)
Settantacinque anni, alto e dalla faccia simpatica, Vito Basilico fa la storia degli orti di via Rizzoli. "La condizione originaria di cui stiamo parlando vedeva un terreno in parte coltivato, arativo, seminato, un po' d'erba, un po' erba medica e un po' sterpaglia: non c'era la via Rizzoli, c'era soltanto un sentiero contadino..." (...) Chi sono questi novantacinque ortisti di via Rizzoli? Dal punto di vista culturale si diceva sopra, mentre per quanto riguarda l'età sono in una fascia media decisamente alta, dai cinquantacinque-sessanta in su... Sono tutte persone che fanno gli ortisti per passatempo: i pensionati durante tutta la settimana, mentre i non-pensionati solo il sabato e la domenica: tutta gente che come retaggio delle proprie origini campagnole ha maturato questa voglia di giocare alla coltivazione. È un passatempo per tutti, compresi i due marocchini.
Basilico conclude. "Il senso del mio impegno in questa battaglia degli orti? È un proseguimento della mia storia politica iniziata il 1° maggio del 1945, quando i partigiani scendono la Val d'Ossola e arrivano a Castelletto Ticino. Io avevo diciannove anni. Mio padre mi diceva. 'Quando senti parlare di fascisti, quando arriva il prepotente, non aspettarlo ma vagli tu incontro per batterti contro l'ingiustizia'. Questa degli orti è infatti una battaglia sociale di giustizia, di ecologia, di pulito, di anti-inquinamento, è parte di una visione socio-ambientale che la sinistra dovrebbe far propria.. La questione degli orti in generale, non solo dei nostri. (...) Quali ragioni avanzerei per spiegare il significato di questa battaglia? Troppo facile dire che gli orti sono una manifestazione di attività post-pensione o di anziani che danno ancora segni di vitalità: contatto con la terra, coltivazione, partecipazione alla vita non nella maniera da bar, da sbadiglio, ma da attività all'aria aperta, salute, ginnastica... c'è dentro tutto l'ortismo. (...) È una cosa

grossa quella di rivendicare la possibilità di dare ai pensionati un modo per continuare a essere attivi fin quando non si finisce nella tomba. (...) Lo dico sempre: 'Ma non sentite che stiamo facendo un'opera meritoria? Cerchiamo di lasciare a cento anziani uno spazio in città perché dopo una certa età la vita continui, tirandoli via dal bar e dal flipper, perché non sbadiglino più e vadano lì a coltivare il loro terrino, ad aspettare che il loro semino dia qualcosa dalla terra...' insomma, se riordinare la città significa per forza cancellare queste cose, noi siamo perché la città resti disordinata". »

A piedi nudi nell'orto: gli appezzamenti del Parco Nord

I primi 35 orti all'interno del Parco Nord vennero attrezzati e regolamentati alla fine degli anni 80, secondo una strategia di rivitalizzazione delle fasce di parco più vicine alla città, a favore degli anziani e dei pensionati. Un apposito Regolamento degli orti disciplina le modalità di richiesta, di assegnazione e di conduzione. Sul sito si possono consultare le schede informative dei singoli lotti di orti per anziani esistenti al Parco. Per comunicare, e mail: info@parconord.milano.it.
L'esperienza di gestione degli orti urbani ha portato alla pubblicazione di una monografia, nel corso del 2004, "Orti: Racconti di Vita tra gli ortaggi", a cura di Valeria Dalla Francesca e Fabiola D'Alessandro, disponibile gratuitamente. Le righe seguenti attingono a questo lavoro.

« La coltivazione degli orti all'interno delle città nasce con lo scopo di sostenere l'economia domestica, i prodotti raccolti sono destinati prevalentemente al consumo familiare. Dopo alterne vicende l'attività orticola riprenderà intorno agli anni 70 con la funzione di ristabilire e mantenere un legame con le radici dell'ortista, con la sua storia personale, con la sua cultura alimentare e sarà lo strumento per ritrovare l'ambiente lontano dalle sue origini. Tra gli alti palazzi dei quartieri dormitorio, lungo le scarpate delle ferrovie, sotto gli svincoli autostradali, su aree abbandonate ferve l'attività orticola. Al-

lora sono definiti "orti abusivi" anche quando un ortista paga un affitto per l'uso del terreno e guardati con diffidenza a causa dell'impatto estetico ed igienico sulla città. All'inizio degli anni 80 molte Amministrazioni comunali capiscono il bisogno di spazio, di quiete e di contatto con la natura cui gli orti rispondono e avviano la loro regolamentazione.
Importata dagli Stati uniti, dove è praticata da molto anni, comincia a diffondersi anche in Italia la *garden therapy* (terapia orticulturale), una forma di terapia che, nata per restituire tranquillità e alleggerire la tensione di chi vive in città, si è rivelata efficace come terapia complementare per le persone affette da disagi psichici. (...) Chi ha origini contadine ritrova nell'orto la propria identità, recuperando capacità e attitudini. Chi ha origini urbane ritrova il filo sempre più sottile che lega l'uomo alla natura. (...) La richiesta di orti è elevata, la lunga lista di attesa è stata chiusa per l'impossibilità di rispondere al numero sempre crescente di domande. La scelta dell'Ente Parco di assegnare l'80% degli orti in condivisione è mirata a soddisfare, in tempi brevi, un numero più alto possibile di persone. (...) Ogni orto ha una superficie di 50 mq - dimensione sufficiente ad una buona gestione da parte dell'ortista - dispone di una cassapanca in plastica riciclata per il ricovero degli attrezzi e di attacco per l'acqua. Uno spazio comune è riservato agli scarti vegetali per la loro trasformazione in compost da usare negli orti. Gli elementi di arredo e gli accessori, uguali in ogni unità ortiva, danno continuità e coerenza alle strutture, rendendo piacevole l'impatto visivo. (...)
Gli orti sono assegnati a persone oltre i 60 anni di età e ai pensionati. Prevalentemente sono uomini, qualche donna aiuta il marito. Nei racconti degli ortisti c'è il ricordo della madre che si occupava dell'orto - se l'orto era donna e l'agricoltura è una scoperta femminile non si capisce come mai negli orti di oggi se ne vedano così poche. "Le donne fanno il minestrone!" osserva un artista - ricordando la divisione dei ruoli.L'assegnazione dell'orto dura 6 anni, il contratto è rinnovabile per altri 6, poi soltanto annualmente. (...)
I nuclei ortivi sono luogo d'incontro e di socialità "è un ritro-

vo dove si tengono legami capillari tra persone". (...) Ci si scambiano i semi, le piantine in eccesso si regalano ai colleghi, se si ha qualche cosa di inconsueto lo si offre agli altri. C'è collaborazione tra colleghi, si zappa la terra per aiutare i più deboli e "... per tenersi in forma". Ci si scambiano antichi saperi che i più fortunati hanno ereditato. Qualcuno li ha accumulati col tempo e l'esperienza "nell'orto si sperimenta", altri consultano libri e riviste o l'inossidabile Calendario di Frate Indovino. Ci si scambiano i saperi e si ascoltano gli altri, "io ascolto gli anziani, bisogna ascoltare gli anziani"... "qualcuno sa, ma la maggior parte impara dagli altri". (...)
"L'ordine conduce a Dio", dice un ortista e il suo orto è un piccolo capolavoro di architettura del paesaggio. »

Altri orti

Gli "orti di Milano" costeggiano invece la Martesana, sono recintati alla buona. Poi, ognuno, è chiuso da una porta, un lucchetto e una chiave. Ventidue orti, 3.587 metri quadrati di terra. C'è chi ha ereditato l'appezzamento dal nonno o dal padre. Giancarlo Crotti, 76 anni, vanga le zolle che sono 'di famiglia' da 50 anni. "Un tempo c'era un padrone, mi sembra un avvocato, nessuno l'aveva mai visto. Non si interessava dell'orto e così le famiglie potevano coltivare il loro pezzetto di terra in santa pace". Dopo la morte del proprietario, però, la terra è passata al Comune e lì sono iniziati i guai. "Chi come me coltivava l'orto da quarant'anni - prosegue Crotti - poteva avvalersi del diritto di usucapione, ma alla fine abbiamo deciso di trattare". Palazzo Marino ha concesso gli orti in affitto per due anni a un prezzo ragionevole. Ognuno paga in base alla terra coltivata.
Boscoincittà nato nel 1974 su iniziativa di Italia Nostra in collaborazione con il Comune di Milano è il primo esempio, sperimentale, di forestazione urbana del Paese. Al suo interno si trova un'antica cascina che ne costituisce il centro operativo, ospita un laghetto artificiale e orti urbani del tempo libero. Si tratta di piccoli appezzamenti che vengono dati in concessione a singoli anziani. Gli ortisti sono attivamente coinvolti nel-

la realizzazione delle strutture comuni come recinzioni, capanni degli attrezzi, ecc. Il centro operativo fornisce i progetti e i materiali, e coordina i lavori. Nel 1997 l'associazione ha ricevuto dal Comune l'incarico di gestire anche il Parco delle Cave: 135 ettari nella stessa area della città. Gli orti urbani, che all'inizio erano qualche decina diventano più di quattrocento. Alcuni di essi sono progettati per esperienze sperimentali: coltivazione da parte di persone disabili, gruppi associativi, scuole.
All'Idropark la Provincia di Milano possiede 22 piccoli appezzamenti, assegnati gratuitamente ai Comuni di Segrate e di Peschiera Borromeo e da questi affidati ai propri anziani.
Auser ha invece stipulato alcune convenzioni per la conservazione del verde a Milano. Numerosi i volontari che trapiantano e costruiscono semenzai all'Orto Botanico di Brera, o che, a Villa Finzi, in via Finzi a Milano, curano le varietà botaniche di pregio del giardino o che infine all'Oasi del Fontanile di Pantigliate (MI), curano la pulizia dei fontanili, del bosco e segnalano eventuali scarichi abusivi. I soci Auser erano stati precedentemente formati con il corso "Volontari per la conservazione della natura".

GLI OVER 65? FUORI DI CASA, ALLA FACCIA DELLA TV

"Aria aperta e pomeriggi in compagnia, una svolta rispetto ai "pomeriggi sempre tutti uguali, passati davanti alla tv": voglia di compagnia per gli over 65 italiani, 6 su 10 spiega il rapporto Censis sui "nuovi anziani", si incontrano con gli amici, o si dà al volontariato (40%).
Anche se il teleschermo resta un'attrattiva irresistibile per almeno la metà degli over 65 milanesi, secondo un'indagine svolta dalla Cgil e pubblicata a fine 2003. Un quinto dei pensionati intervistati dichiara di praticare almeno un hobby e altrettanti coltivano la passione per l'attività sportiva, ovviamente il gioco delle bocce è uno dei preferiti. Dopo aver ab-

bandonato il lavoro, mobilità e indipendenza restano valori fondamentali, l'80 per cento delle persone anziane non rinuncia a uscire di casa almeno una volta al giorno. È diffuso anche, nella situazione di abbandono e solitudine che accompagna l'ultima parte della vita di un uomo o una donna, il bisogno di rendersi utili nei confronti degli altri (nel 49% degli intervistati). Quindi si esce di casa per stare insieme.
Cerco un centro di gravità permanente. E gli anziani l'hanno trovato in un pallino, quello delle bocce. In città sono rifioriti, nelle aiuole di viali e negli sparuti giardini urbani, i campi di bocce. Via Morgagni, nello spartiacque di viale Argonne, al centro di largo Marinai d'Italia e in decine di altri luoghi informali, in terra come in sintetico. I campi a volte sono solo un pretesto. Nella bella stagione sorgono crocchi spontanei, i tavolini e le sedie che arrivano spaiati da casa, e poi decine di mazzi di carte e scacchiere. I rumori delle bocciate o di un carico a briscola si confondono nel brusio urbano, un sottofondo di socialità confortante.
Raccontiamo nel dettaglio una di queste storie.

Per sport e per pensione: la boccia che "comanda".

«Alla ricerca di un punto di aggregazione: parrocchie, bar, circoli ricreativi, campi da bocce diventano vitali nel tessuto urbano di una città pensata anche per la Terza età".
"Questa è quella che comanda". Lo scarponcino marrone sollevato di pochi centimetri indica la boccia gialla screpolata dall'uso e dagli anni. È quella che comanda il gioco in uno dei due campi affiancati di via Morgagni, dietro piazza Lima a Milano. Punto di ritrovo e motivo d'orgoglio degli anziani del quartiere. "Quattro anni fa - racconta Luigi da sotto una coppola blu, stretto nel giaccone per proteggersi dal freddo tiepido dei primi pomeriggi di marzo - qui non c'era niente. Le due piste erano in rovina, le utilizzavano i ragazzini per giocare a pallone o per girare con i pattini a rotelle". Poi gli anziani hanno reclamato il loro spazio. Marito e moglie, due pensionati residenti in via Morgagni, hanno deciso di dare una svolta ai loro pomeriggi davanti alla televisione.

"Si sono presentati dopo pranzo con una ramazza - continua Luigi, arbitro della partita in corso sul campo da bocce - e hanno iniziato a mettere in ordine. Poi hanno chiamato gli amici e il gruppo si è allargato in fretta". All'inizio erano poco più di sessanta, oggi sono 150 gli anziani che gravitano intorno ai due campi di via Morgagni. Per tenersi stretto il loro passatempo preferito hanno deciso di fondare un'associazione "Amici delle bocce". Con presidente, vicepresidente e cassiere. Quindi è arrivato l'accordo con il presidente della zona 3 e la firma a Palazzo Marino per la concessione della gestione della bocciofila all'aperto. "L'iscrizione al gruppo costa 12 euro - dice Sandro, uno dei pensionati che ogni giorno si mettono in coda, dopo pranzo e pennichella, per sfidare i più puntuali -. Non è molto e poi comprende anche l'assicurazione. Il Comune dice che non ha soldi e la manutenzione dobbiamo farcela da soli".

"Qui il tempo passa velocemente - dice ancora Sandro -. Stiamo in compagnia, anche se figli e nipoti si dimenticano di venirci a trovare spesso. Qualche moglie, a casa, si lamenta, ma noi ci divertiamo". Gli "Amici delle bocce", quattro anni fa, si sono armati di santa pazienza e buona volontà, i due campi adesso assomigliano a due gioiellini. Le piste sono in sintetico. "Sembrano campi da calcio - è il commento di Francesco, coppola verde d'ordinanza e avveniristica scarpa da ginnastica -. Abbiamo anche comprato l'aspirapolvere, pulire è più comodo". Poi sono arrivate le staccionate tutte intorno, dipinte con la vernice trasparente per proteggerle da pioggia e neve d'inverno. La rete verde lungo le piste, uno zoccolo di legno a dividerle. I segnapunti a fondo campo. Vicino ai campi da poco hanno fatto la loro comparsa sei tavoli di pietre con relative panchette, li ha messi il Comune. In attesa della partita a bocce gli anziani potranno approfittare del nuovo spazio per tornei a tressette, scopone scientifico, ramino e briscola.

Sulla pista in sintetico verde, estate o inverno, non cambia mai nulla. L'appuntamento è al campo, dietro il fioraio. "Alle 2 magari bisogna aspettare l'amico che sta arrivando per iniziare la prima partita - prosegue Francesco -. Sono pochi quel-

li che arrivano così presto e se ne vanno quando fa buio. Io li chiamo i 'malati': hanno le bocce nel sangue. Soprattutto d'inverno non c'è mai il pienone, d'estate invece sì". Quando le giornate si allungano e si può uscire senza giacca via Morgagni registra il "tutto esaurito". Otto giocatori per pista, tifo lungo le staccionate, consigli per gli amici. Tra gli "Amici delle bocce" non ci sono solo uomini. La signora Maria, caschetto biondo e occhiali da sole, è una delle più richieste al momento di decidere le squadre. La chiamano "campionessa" perché di solito sbanca i tornei. "Difendo la categoria - racconta mentre recupera le bocce -. Altrimenti qui sono tutti uomini". Gli avversari cercano di distrarla mentre prende la mira, lei va a punto e poi risponde per le rime.»
(Roberto Bonizzi - Terre di mezzo 124, aprile 2005)

Per gli indirizzi di bocciodromi e campi, vedi il capitolo "Tempo libero: socialità, ballo e sport"

IN PISTA SI VIVE UN PO' DI PIÙ

> *"I ballerini che lo fanno un po' per professione, un po' per vocazione..."*
> P.Conte - Dancing

A luglio, l'asfalto scotta e il cemento suona. Il Polo Ferrara è un centro polifunzionale alla periferia Sud Est della città. Da fuori è l'opera di un architetto confuso. Dall'interno è un luogo che la presenza delle persone, rigorosamente anziani, ha sbozzato, reso umano, plausibile e soprattutto vivo. Sotto la grande tettoia decine di persone si sfidano a carte. A differenza del classico bar su strada, non mancano le signore. Appena dentro il bar un cartello ricorda che i litigi ad alta voce non saranno tollerati. Il Polo Ferrara è a quattro corsie, intese come bocce. Serio come un notaio un signore sta in fondo alla pista con in mano una sorta di calibro, lo strumento per misurare la distanza breve tra bocce e pallino, tra vittoria e sconfitta.

Si gioca a bocca chiusa. I cenni sono austeri e le bocciate di classe. La scala a chiocciola porta al piano superiore. Dalle scale filtra il valzer di un'orchestrina. La sala da ballo è bassa e un po' buia, cemento e ferro. Ma la grazia delle coppie la riscalda. Girano, svelti o lenti, a passi stretti o ampi, anche loro silenziosi, senza quasi guardarsi, con l'aria di fare un gioco antico e sempre uguale e di guardare il ballo e la vita con la confidenza di vecchi amici. Entrare costa due euro e un severo sbigliettatore presidia l'ingresso. Sono 80 mila le persone che ogni anno entrano al Polo Ferrara per ballare, giocare a bocce, innamorarsi e altre cose dell'esistenza di tutti.

Il pane quotidiano è importante. La sede dell'associazione che distribuisce pasti ai poveri è in viale Toscana, sul ponte che sale dal Parco Ravizza. Qui gli anziani sono in fila per un sacchetto. A due passi c'è l'ingresso del Cral "Allende" Centrale del latte. Uno spazio anomalo. Al centro un "drago verde" spento, a destra i campi da bocce della Bocciofila Montagnetta, gli unici nel loro genere: sono "alla milanese" con lievi cunette che attraversano il campo e rendono più arduo il calcolo del tiro. Da qui il proverbio, volgare o sublime: "Tiro la boccia e non monta mai, tiro mia moglie e la montano tutti". A sinistra su una porta di una costruzione bassa c'è un cartello: "Il bar è dietro. Fate il giro oppure urlate". Il giro conduce sul retro. A questo punto una scena alla "Mediterraneo". La musica sale, compaiono in un angolo ombroso una trentina di anziani che giocano a scopa e motteggiano. Una pista da ballo all'aperto minuscola e una grande sala arancione, con lampadari colorati. Uno striscione ricorda che venerdì e sabato c'è musica dal vivo. Solo, davanti alla tv un vecchietto si gode il tour de France, per vedere se i francesi si incazzano un'altra volta... Sulle pareti il barista mi indica a dito i ballerini che vengono ad animare le serate di *boogie*. Questo qua (il suo nome è un programma, Luigi Snodo!) viene con sua moglie - e mi mostra una foto dei favolosi anni 50 -, lui era quasi un professionista. Foto e dischi storici da Solomon Burke a Fats Domino. "La sera di venerdì e sabato con 20-24 euro ceni, mangi tre primi, diversi secondi di cucina milanese, genuina, bevi e balli con la musica dal vivo. Ma bisogna prenotare, perché non si trova posto sennò".

All'Arci Bellezza il cortile ha una lama d'ombra riposante. Anche qui si gioca furiosamente a carte, solo uomini, ma un cartello avverte che è proibito un numero sorprendente di giochi, la maggior parte con un suono arcaico, tutti quelli sui quali si potrebbe scommettere: basetta o faraone, bazzica, camuffo, cucù, birbisso, zecchinetta. Arci Bellezza è nato nella seconda metà degli anni cinquanta, quando un gruppo di emiliani emigrati decise di far nascere prima la Filef, Federazione italiana lavoratori emigranti e famiglie e poi il circolo. Uno dei principali motivi di attrazione è la mensa popolare, dove un pasto completo, dal primo piatto al caffè, costa 10 euro. Poi ci sono le attività culturali: i corsi di danze popolari, che il mercoledì dopo le 22 proseguono liberamente, le tradizionali serate di liscio, i balli latini, l'appuntamento fisso con l'Anpi per il 25 aprile con la musica della Banda degli Ottoni. I prezzi sono molto popolari. E - sembrano dire il giocatore che scarta un tre con lentezza - chi si muove più?

Per gli indirizzi di balere, locali da ballo e circoli, vedi il capitolo "Tempo libero: socialità, ballo e sport"

IN GITA CON IL MATERASSO DI LATTICE

Un altro momento di aggregazione è da sempre il viaggio. Un turismo sociale povero e di base, commerciale e un po' misterioso è quello delle "gite delle pentole". Noi ci siamo andati

La gite delle pentole: il turismo sociale-commerciale

«Le 6.30: due passi dal Cimitero Maggiore di Milano. Il pullman ferma lì. Sull'angolo tre "sciure" aspettano febbrili insieme a me l'arrivo della corriera della gita a Mantova. Eccola puntuale. Saliamo e si va. A chi non è capitato di trovare nel-

la casella delle lettere un pieghevole che invita per un prezzo risibile, 29.900 o 32.900 delle vecchie lire, a un'imperdibile gita a Sanremo o a Verona? Quello nella mia posta, rutilante di immagini, prometteva un'indimenticabile giornata a Mantova, città dei Gonzaga: colazione, viaggio, pranzo, visita con guida e regalo per la modicissima cifra di 14,50 euro. Una sola velata minaccia, in un'unica riga: la gita comprenderà una "simpatica dimostrazione di prodotti per la casa e il benessere distribuiti da Promozioni Nice".
Salito sulla corriera decine di occhi mi squadrano: l'età media della combriccola viaggia oltre i 65 anni. L'80 per cento dei 39 gitanti è costituito da signore di veneranda età, qualche coppia, due signori da soli e me. Io assonnato, loro arzilli come non mai. (...). Alle 7.30 s'imbocca l'autostrada. Tendo l'orecchio e cominciano le sorprese. Almeno una trentina di "nonni" sono *habitué* dei viaggi promozionali e si conoscono già. Si sprecano i racconti delle gite precedenti, da San Giovanni Rotondo alla Costa Brava. Sboccia un'insospettabile socialità. Il "popolo delle gite", per la maggior parte inquilini di casa popolare nei grandi quartieri residenziali, ha trovato un modo di stare in compagnia e di viaggiare *low-price*. Ma come fanno Promozioni Nice e la sua agenzia viaggi Favola blu a sbarcare il lunario? Dunque. La quota viaggio è di 14,50 euro; per 39, circa 570 euro. Non basta certo a coprire i costi. La risposta arriva verso le 9.15 poco lontano da Verona.
Il ristorante Melapappo è un piccolo incubo da "Paese reale": vista viadotto (...). Alle 9.30 inizia quella che Loretta chiama la "Santa Messa". A volo d'uccello si passa sulle pentole d'acciaio 18/10, il forno ad aria, le stufe con il fuoco finto all'interno per arrivare ai prodotti di punta. I servizi matrimoniali in lana merinos, le cui agghiaccianti fantasie strappano commenti ammirati. E poi la poltrona massaggiante e la stirella/vaporella contro i grandi nemici dell'igiene e della salute: gli acari. Sì, perché Loretta dichiara di non vendere prodotti, ma soprattutto "salute". La lingua (di Loretta) batte dove la schiena duole, tanto per abusare dei luoghi comuni. (...) È pronta a definire "terapia" l'uso delle coperte Nice. Loretta si sbatte, stira e cu-

cina, strapazza scherzosamente il marito conquistando il pubblico femminile. Demonizza con garbo le muffe, dal suo microfono "alla Ambra" elargisce consigli medici (...).
Lo spettacolo ha la sua importanza. Con consumato mestiere Loretta tiene i "botti" per il pirotecnico finale, in cui annuncia sconti e incredibili occasioni d'acquisto in blocco di tre prodotti al prezzo di uno solo, accumula regali su regali (...).
La "Santa Messa" finisce dopo più di 3 ore. Si mangia un pranzo un po' ospedaliero ma quasi innocuo. (...) Per Loretta e Mirko è tempo di passare all'incasso, di tavola in tavola, non senza aver prima illustrato i pregi straordinari di alcuni prodotti minori, come il celebre "olio tuttofare" di Nice e altre creme, dai 13 ai 15 euro, uno specchietto per quelle allodole che non hanno ancora fatto acquisti. Al mio tavolo si sussurra: "Speriamo che qualcuno compri, sennò questa si incavola". Qualche signora si sente in colpa per non aver comprato nulla. Chi compra è gratificato con un regalino. La pressione psicologica di Loretta e il suo benevolo "terrorismo" sull'importanza di prevenire ogni "dolore" con il materasso in lattice funziona: qualcuno compra e firma il suo bravo contratto.
Alle 14.30 ci si muove per Mantova. Due ore scarse per un giro in città con una guida sbrigativa. A un certo punto Delfina, nome antico, prende un topicco e cade. Il bernoccolo non commuove la guida che prosegue imperterrita il giro (...).
Al ritorno i commenti indugiano sulla lunghezza della dimostrazione ma concordano che "la giornata è stata bella". La vendita a quanto pare fa parte del gioco, anche se i più vulnerabili ne escono con un po' di soldi in meno e un oggetto di dubbia utilità in più. A Delfina, con il fazzoletto sulla fronte, le sciure danno un consiglio da congiurate: "Non lo dica a suo figlio, sennò non la fa più venire". Si arriva a casa. Tutti sono felici come bimbi del regalo finale. Un pacco viveri o uno sbattitore a 7 velocità. Un'umanità sola e a volte dolente, per un giorno con il sorriso sulle labbra. Ma sulla faccia di Armida, che scende armata di un contratto a rate per una Vaporella si legge un pensiero combattivo: "Acari, tremate".
(Massimo Acanfora - Terre di mezzo 104, giugno 2003)

CRONACHE DELLA CASA

Abitare a Milano: per piccina che tu sia

La questione-casa in Lombardia e a Milano ha i crismi e i numeri dell'emergenza. La domanda di abitazioni in affitto è composta da anziani, giovani coppie, single, divorziati e vedovi, a cui si aggiungono anche 40mila universitari fuori sede. Si tratta di soggetti che hanno in comune la difficoltà a trovare alloggi a prezzi contenuti e metrature adeguate. Milano, inoltre, attira cittadini che provengono da altre Regioni e che cercano casa per periodi contenuti per motivi di lavoro o di scuola. In sintesi: la città non ha un patrimonio immobiliare in grado di rispondere all'esigenza di chi deve affittare un appartamento temporaneamente e soprattutto non offre abitazioni a prezzi abbordabili. I dati del Sunia, il Sindacato degli Inquilini, parlano di 10mila famiglie sottoposte a procedura di sfratto, delle quali mille composte da anziani. Nel 2005 a Milano sono stati resi esecutivi 1.200 sfratti, di cui 274 hanno riguardato anziani. Gli affittuari delle case popolari Aler risultano 73.617, quelli che vivono nelle abitazioni di proprietà comunali sono 58.624: in tutto 132.441 persone. Le famiglie "povere" con reddito da 0 a 11 mila euro l'anno sono 36.832; i nuclei familiari con redditi di 13mila euro sono invece 7.085 e quelli che arrivano a 18mila sono 5.617 (Fonte Aler, Comu-

ne). Gli anziani che vivono nelle case popolari di edilizia residenziale pubblica sono 37.606, pari al 32,85% della popolazione Aler (8.423 di questi vivono da soli).
A Milano, secondo lo Spi-Cgil, il 51,2 per cento degli anziani ha un appartamento di proprietà, mentre il 46,6 per cento è costretto a pagare un affitto, in prevalenza in alloggi di proprietà del Comune o di edilizia pubblica. Il 15,8 per cento si lamenta di un canone troppo alto e il 13,8 esprime la paura di essere sfrattato. Alcune "storie di case", alcune amare, altre di speranza.

Molise-Calvairate, la città allo specchio

Franca Caffa è presidente del Comitato inquilini Molise-Calvairate-Ponti. Franca vive nel quartiere dal 1980, dopo lo sfratto dalla precedente casa. Nel 1989 assume il preciso impegno politico di lottare per la dignità degli inquilini delle case Aler del quartiere. Qualche anno fa ha scritto al regista Ken Loach perché venisse a filmare le case popolari milanesi. Da una decina all'inizio, oggi i volontari e gli operatori del Comitato sono diventati un centinaio e numerose le attività (vedi scheda). L'abbiamo intervistata.

«C'è da fare un distinguo tra l'approccio del Comitato Molise-Calvairate-Ponti e altri. Questi anziani vivono in quartieri che il Comune di Milano stesso definisce 'degradati'. Quando si parla di anziani in questo contesto vanno considerate con attenzione le risorse a disposizione e le difficoltà. Il disagio e la sofferenza sono moltiplicati dall'inadeguatezza culturale delle istituzioni, quando, nel pensare o finanziare progetti per questi quartieri, non badano alle loro condizioni e da anni di politiche di esclusione che hanno concentrato nella zona malati psichici, alcolisti, stranieri (il 24%) e famiglie abusive.
Gli anziani di questa zona sono preziosi, anche perché fanno memoria di quando il degrado non esisteva o era molto limitato. Il quartiere era soprattutto operaio, con qualche impiegato, e c'era una normalità, edilizia e sociale. La gestione Iacpm (Istituto autonomo case popolari di Milano) assicurava con-

dizioni di convivenza e il resto lo faceva una certa cultura della solidarietà. Sono convinta che se oggi cambiasse il vento e tornasse una amministrazione più attenta, potrebbe svilupparsi il gigantesco potenziale che gli anziani stessi potrebbero portare nei progetti, nella coesione sociale, nella trasmissione del sapere a bambini e giovani, per l'ascolto e la relazione che potrebbero stabilire e che è la premessa che rende possibile i cambiamenti. Gli anziani possiedono quelle specifiche competenze che potrebbero essere rese feconde.

Un cambiamento che però le istituzioni devono accompagnare con un approccio nuovo alla questione del degrado. A volte invece gli anziani vegono usati. C'è una forte retorica sulla loro situazione e solitudine, e interventi talvolta puramente di facciata. Qui gli anziani patiscono prima fra tutte la mancanza del servizio di custodia. La grande propaganda e l'enfasi posta su progetti di custodi e portierato sociale e dei cosiddetti custodi socio-sanitari è ingiustificata. Queste figure - frutto di progetti peraltro calati dall'alto e non partecipati, attuati con il tipico dirigismo di certi amministratori -, sono state insediate là dove un tempo c'erano i normali custodi. Quando sono state riaperte le portinerie, i vecchietti hanno scoperto che il custode era lì solo per assistere - per carità ben venga - alcune persone in difficoltà e non per svolgere il ruolo prezioso del portiere/custode. Ebbene, è ben noto che dove manca la custodia vera e propria il degrado si aggrava, perché manca la figura fondamentale che fa rispettare le norme a inquilini, gli orari di cortile a ragazzi e bambini. I ragazzi 'versati' nei cortili spadroneggiano e si creano conflitti tristi e aspri: aggressioni, lancio di oggetti, dispetti reciproci, impossibilità di riposare. Anni di petizioni sono stati inutili, benché sia evidente che dove c'è stata continuità nella presenza di un custode, il degrado è molto minore.

Il Quartiere Molise-Calvairate ha 2.650 alloggi e in questo momento è oggetto - sia pure in parte - di un intervento straordinario di riqualificazione ambientale e sociale, denominato "Contratto di Quartiere". I contratti di quartiere (che riguardano anche i quartieri Mazzini, S.Siro, Gratosoglio e Ponte

Lambro) prevedono una ristrutturazione edilizia e "sociale" e dovrebbero rimediare a quella che è stata la disastrosa gestione privata (Romeo Gestioni *ndr*), ai cortili pieni di buche e dissesti, alla mancanza di ascensori, di servizio di custodia e così via. Anche i "Contratti" sono nati male, senza la partecipazione degli abitanti e senza consultare il Comitato. Si è parlato molto dell'importanza dell'ascolto. Qui l'ascolto non c'è stato. Per quanto riguarda le ristrutturazioni, solo di alcuni degli isolati, ci sarà inoltre la difficile partita dello spostamento dei più anziani da una casa all'altra, senza garanzia ad esempio di ritrovare le migliorie fatte nel corso degli anni.
La parte sociale del "Contratto" ci vede impegnati con la cooperativa Avventura Urbana in una mappatura del disagio, dai tossici agli alcolisti, da malati psichici agli abusivi, che speriamo serva ad Aler a calibrare meglio gli interventi Ma a noi mancano soprattutto le risposte a urgenze che durano da anni. Se qualcosa può cambiare subito, che cambi, per non passare un'altra estate con i vecchietti dei piani bassi sprangati in casa. Un esempio concreto può aiutare: Sandro era un uomo di 80 anni con problemi psichici che viveva solo e frequentava il Comitato e la scuola di italiano per stranieri, tanto per aver compagnia. Sandro urlava spesso dalla sua finestra, contro i vicini o il niente. Un giorno cade, si rompe un braccio e la situazione peggiora, bussa a tutti perché è sporco, deve vestirsi e lavarsi. Il Centro multiservizi del Comune, il custode sociale, il portinaio sociale, il custode socio-sanitario, la cooperativa che lo segue non riescono a far nulla di decisivo, perché il loro intervento è frammentato, improvvisato; nessuno, tantomeno l'ente pubblico, li coordina, né consulta il Comitato e gli altri volontari che lavorano nella zona. Sono i progetti-pezzetti, paracadutati dall'alto. E questa è solo una storia.
In definitiva la Milano anziana non può che rappresentare lo specchio rovesciato delle eccellenze che i Presidenti della Repubblica vanno a visitare: la moda, il Politecnico, la Scala, l'economia. Ed è - ribadisco - specchio fedele del degrado delle istituzioni. »

Il Comitato di quartiere Molise-Calvairate-Ponti

Il Comitato di quartiere Molise-Calvairate-Ponti è attivo dal 1980. Ha aperto numerosi sportelli su casa, domande, morosità, occupazione senza titolo, sfratti, manutenzione e gestione dell'Aler, condizioni di disagio e di esclusione, immigrazione. Tiene il doposcuola per elementari, medie e superiori, un corso di italiano per stranieri e altri corsi popolari. Nei loro documenti chiedono prima di tutto "bellezza" ma anche politiche concrete, dal ripristino del servizio di custodia all'aumento dei buoni socio-assistenziali, alla previsione di un nuovo centro anziani, all'aumento delle risorse del C.M.A. di viale Puglie.

Comitato di quartiere Molise-Calvairate-Ponti
Sportelli: via degli Etruschi 1 e viale Molise 47
20137 Milano. Tel. 02-55.01.11.87
E-mail: basta.esclusione@tiscalinet.it
Sito internet: http://web.tiscalinet.it/bataesclusione

"Prendi in casa uno studente"

L'indagine "Studiare e vivere a Milano", promossa nel 2003 dall'Associazione MeglioMilano, rivela che la domanda di alloggi per studenti fuori sede è di 25mila posti letto, 40mila se si considerano gli universitari pendolari. MeglioMilano, in collaborazione con le Università milanesi, con il patrocinio della Provincia e del Comune di Milano (settore Sport e giovani), tre anni fa ha lanciato l'idea di creare un ponte tra studenti e anziani residenti in città e provincia. Nasce così "Prendi in casa uno studente": MeglioMilano, coordinatore del progetto in collaborazione con Ras Assicurazioni, si pone come filtro per far incontrare domanda e offerta, per gestire al meglio l'incontro tra studenti universitari in cerca d'alloggio ad un costo contenuto e anziani autosufficienti che dispongono di una stanza. Per questi ultimi alcuni piccoli servizi domestici (portare l'acqua, buttare la spazzatura, ...) sono di grande aiuto, mentre gli studenti possono dialogare con un interlocutore che conosce la città e può fornire informazioni utili e pratiche. Nel presente anno accademico sono state attivate 43 convivenze e una trentina sono in corso di approvazione. Gli anziani che accolgono sono pricipalmente donne, con un'età dai 56 ai 90 anni (età media 70). Di solito si tratta di abitazioni di tre locali, dislocate in tutta la città. Diverse le convenzioni e le novità associate al progetto: la Provincia di Milano metterà a disposizione dei pensionati che ospiteranno uno studente, 1.000 euro per opere di migliorie dell'abitazione (dalla ristrutturazione alla messa a norma); Fastweb offrirà il collegamento gratuito a internet per un anno; Csi (componenti e sistemi per impianti) fornirà rilevatori elettronici e tecnologie domotiche (caldaie etc...). Il periodo di convivenza inizia in settembre/ottobre e termina in giugno/luglio a seconda delle necessità dei contraenti. L'accordo prevede da parte dello studente, il pagamento di un rimborso spese, fino a un massimo di 200 euro e la cura di piccoli servizi domestici concordati in precedenza in cambio di alloggio e, possibilmente, uso cucina.

Prendi in casa uno studente
Associazione MeglioMilano
Tel. 02-76.02.05.89 - 02-77.45.347
E mail: meglio.segreteria@meglio.milano.it

SINDACATI INQUILINI

Sunia
Via del Giambellino 115 - Milano. Tel. 02-42.35.006
E-mail: suniami@tin.it - Sito internet: www.sunia.it
Orario apertura: 9-12 15-18

Sicet
Via Tadino 20 - 20124 Milano. Segreteria: Leo Spinelli
Tel. 02-29.52.21.00/17.97 - Fax 02-29.41.16.70
E-mail: sindinq1@tuttopmi.it
Sito internet: http://www.cislmilano.it/servizi/sicet/index.html

L'OMBRA DEL BISOGNO

Il momento del bisogno

A Milano è la città più anziana d'Europa. Secondo l'indagine condotta dallo Spi, il sindacato dei pensionati della Cgil, il 39,8% degli over 65 vive da solo. A Milano sono più di 90mila. Sempre secondo lo Spi-Cgil, il 46,6 per cento degli anziani paga l'affitto dell'appartamento dove vive. Nella maggior parte dei casi si tratta di alloggi popolari di proprietà del Comune. I soldi sono spesso un incubo: tirare la fine del mese con 500 euro di "minima" toglie il sonno. Ma c'è anche chi sta peggio: in Lombardia sono registrate 1,8 milioni di pensioni con un importo medio di 321 euro. Praticamente nulla. Il 13% degli anziani soli sono al di sotto della linea della povertà (521,7 euro al mese). E - come si è visto - l'incidenza della povertà relativa è più forte tra le famiglie che hanno uno o più componenti di oltre 64 anni di età.
Rimanere da soli è una preoccupazione diffusa: secondo il Censis nel 2004 il 18 per cento degli anziani ha ricevuto aiuto da badanti e richiesto all'Asl l'assistenza domiciliare.
A Milano, sempre secondo lo Spi-Cgil, il 46,6 per cento degli anziani ha un appartamento in affitto. Nella maggior parte dei casi si tratta di alloggi popolari di proprietà del Comune.

Il punto di vista statistico è crudo: oltre il 50% degli anziani soli (celibi, nubili o vedovi) non ha parenti su cui contare (Rapporto Istat 2004). Eppure la famiglia resta la più importante risorsa per le categorie fragili e conseguentemente il modello italiano di welfare si basa sull'aiuto alle famiglie.
Aumentano le persone che forniscono aiuto gratuito e in modo informale (*care giver*) che però sono anch'esse più vecchie e sono in prevalenza donne. Nel sostegno rivolto agli anziani c'è in gioco una rete articolata che vede più componenti attivi: la rete informale, gli operatori pubblici e quelli privati. La distribuzione di questi aiuti quantitativamente è diminuita.

Il desiderio (o l'illusione) di autonomia è forte. 9 anziani su 10 in Italia, con 60 anni e oltre, sostengono di essere in grado

GRIGI SOTTO L'ELMO DI SCIPIO: I DATI DGLI ANZIANI IN ITALIA

l'Italia è, all'interno dell'Unione Europea, il Paese con la popolazione più anziana. Su 58 milioni di cittadini, più di 11 (il 19 per cento) hanno superato i 65 anni di età.
E, parallelamente all'aumentare del numero degli anziani, è in costante diminuzione il numero dei minori di 14 anni. E nel 2025 il numero degli over 80 sarà quasi raddoppiato.

	0-14	OVER 65	OVER 80	VECCHIAIA[1]	DIPENDENZA[2]
1.1.1980	**22,6**	**13,1**	**2,1**	**57,9**	**55,4**
1.1.1990	**16,8**	**68,5**	**3,1**	**87,5**	**46,0**
1.1.2000	**14,4**	**18,0**	**3,9**	**124,5**	**47,9**
1.1.2003	**14,2**	**19,0**	**4,6**	**133,8**	**49,8**

1. **L'indice di vecchiaia** è il rapporto tra la popolazione di 65 anni e più e la popolazione fino ai 14 anni di età, per 100.
2. **L'indice di dipendenza** è il rapporto tra la popolazione in età non attiva (meno di 14 e più di 65 anni) e la popolazione in età attiva (dai 14 ai 65).
Dati Istat

di fare tutto da soli, o di avere bisogno di aiuto solo in alcuni casi. Ma il 19,1% si definisce "fragile, spesso indeciso sulle cose da fare. (Rapporto Censis/Salute-la Repubblica). Sulla base delle indicazioni regionali e del protocollo operativo Comune e Asl, in collaborazione con Asl Città di Milano, il Comune di Milano sta costruendo un'"anagrafe della fragilità" composta da anziani di età superiore ai 75 anni che vivono da soli e in condizione di deprivazione economica; tali fattori sono stati associati ad indicatori di alto rischio sanitario. L'anagrafe della fragilità conta per ora circa 3.000 anziani ad alto rischio sanitario di cui 1.416 non noti ai servizi istituzionali.

Anziani over 65	**301.669**
Anziani over 80	**79.211**
Anziani over 70 che vivono soli	**92.472**
Seguiti dal Comune di Milano attraverso servizi di assistenza domiciliare e residenziali	**ca. 25.000**
Definiti ad alto rischio	**ca. 3.000**
di cui sconosciuti	*1.416*

Sentinella dei bisogni

"Gli anziani sono soli non perché abitano da soli ma perché manca la relazione e l'idea di responsabilità reciproca tra persone che vivono insieme". Lo afferma Franca Carminati, dell'Area anziani di Caritas Ambrosiana. "Caritas si fa carico della dimensione dell'accoglienza, dell'attenzione alla persona e soprattutto di responsabilizzare i vicini e la comunità parrocchiale e tenta di creare una 'rete naturale di aiuto' a chi ne ha bisogno - prosegue Carminati -. Non è compito di Caritas organizzare i servizi - anche se molti sono ormai un modello - ma soprattutto 'fare prossimità' e ascolto attivo (spesso gli anziani faticano a chiedere), coinvolgere le istituzioni, collaborare con le realtà del territorio".
I progetti, in rete con le realtà parrocchiali e decanali, con soggetti privati, non profit e istituzionali, sono comunque nu-

merosi. "Spesso Caritas fornisce un modello di servizio e pone le condizioni perché sia riconosciuto dalle istituzioni e venga riprodotto - aggiunge Carminati. Primi fra tutti i "Servizi di prossimità", che promuovono e valorizzano le risorse naturali delle reti informali e formali con diverse modalità di sostegno all'anziano, dalla consegna a domicilio di pasti - effettuata in convenzione dalla cooperativa Farsi prossimo -, a "Due mani in più", il servizio di consegna gratuita della spesa a domicilio per anziani soli e fragili, attivato in diverse zone di Milano, in collaborazione con Coop Lombardia.

L'orientamento verso la "cultura della domiciliarità" è testimoniato dalla nascita di piccole comunità alloggio nelle parrocchie, dove sono accolti anziani che hanno bisogno di un periodo in un luogo protetto (dopo le dimissioni dall'ospedale, ecc...), per poi fare ritorno alla propria casa. Un servizio del tutto gestito da volontari che è così "avanti" che non è nemmeno possibile "accreditarlo" presso la Regione Lombardia.

Il servizio dei "custodi sociali" nato nel 2001 in collaborazione con il Comune di Milano e con Aler - insieme ai custodi socio-sanitari coordinati dalla Fondazione Don Gnocchi - dovrebbero essere le "sentinelle" che nei grandi caseggiati raccolgono le richieste e le necessità degli anziani. Un'opportunità preziosa ma - aggiunge il Comitato Molise-Calvairate-Ponti (vedi "Cronache della casa") - non priva di rischi di confusione con i servizi istituzionali, di frammentarietà dell'intervento e di copertura limitata.

"Un progetto sperimentale - racconta Carminati - è quello che riguarda le assistenti familiari, un punto nodale per la sfida della 'nuova longevità' in un'epoca di frammentazione delle reti familiare e del tessuto sociale: forniamo qualificazione al lavoro delle 'badanti' andando incontro al suo bisogno di lavorare in modo regolare e a quelli degli anziani parzialmente e del tutto non autosufficienti". In questo contesto, i volontari pensionati sono una risorsa indispensabile: costituiscono lo zoccolo duro dell'"Associazione volontari Caritas" (tel. 02-76.01.84.18).

Senza contare le attività di formazione, ricerca e documentazione. Un grande lavoro è quello di osservatorio sulle politiche sociali. L'ultimo piano socio-assistenziale della Regione Lombardia 2006-8 - che fornisce gli indirizzi in materia di sanità, prestazioni, ticket e così via -, è stato studiato e 'vivisezionato'. Numerosi gli spunti critici: c'è carenza di strutture residenziali, mancano validi criteri di valutazione della qualità delle prestazioni e un "piano integrato sociale", differenziato da quello sanitario per meglio promuovere e garantire i diritti di cittadinanza sociale e la qualità della vita; la definizione di anziano appare troppo comprensiva, dimenticando condizioni specifiche quali disabilità, malattia psichica... In ultimo la forte richiesta di creare in Lombardia un fondo per la non autosufficienza.

Caritas Ambrosiana - Segreteria Anziani
Via S.Bernardino 4 - 20121 Milano. Tel. 02-76.03.72.63
E-mail: anziani.ambrosiana@caritas.it - Sito: www.caritas.it

Bisogno d'affitto

Poveri e soli: il 52,3% degli anziani in Italia ha un reddito inferiore a 750 euro mensili e vive sotto la soglia di povertà relativa stabilita dall'Istat (2004). 2.762.706 anziani vivono con la cosiddetta pensione di reversibilità. Più della metà (il 62,2%) resta sotto la soglia dei 500 euro al mese. C'è chi a solitudine e povertà tenta di rispondere con la convivenza di fatto. Un modo per stare assieme e risparmiare sul costo della vita.

«Michele e Anna, rispettivamente 75 e 62 anni, si sono conosciuti nel 2004 al Polo Ferrara, un centro di aggregazione del comune nel quartiere milanese di Corvetto. Al primo piano ogni martedì dalle 15 in poi si balla. Luci basse, e sul palco un'orchestra di liscio. Sono 350 gli anziani che trascorrono il pomeriggio al ritmo di polka e "cha cha cha". La passione, per Michele, è scattata sulla pista da ballo. "L'ho notata subito, era seduta a un tavolino con altre 'ragazze'. Sembrava che aspettasse proprio me. Ci siamo frequentati qualche mese: passeggiate, partite a briscola, qualche pranzo in-

sieme all'ipermercato di piazza Lodi. Poi abbiamo deciso di andare a vivere insieme". (...)
"Le spese sono tante - spiega Michele -: acqua, luce, gas, affitto. Ogni mese ce n'è una, ma con due pensioni si fa meglio". Convivere è l'unico modo per far fronte alle difficoltà economiche. Solo in parte un antidoto alla solitudine. Entrambi vedovi, Michele e Anna. Entrambi con una famiglia che si preoccupa troppo. "Quando ho raccontato a mio figlio di questa nuova storia, mi ha consigliato lo psichiatra - prosegue Michele -. È stato un dramma: come se volessi tradire la memoria di mia moglie. Ci ho riflettuto, e ho concluso che nemmeno i figli possono condizionarti. Loro non sanno ancora cosa vuol dire essere soli a quest'età".
Solo chi è rimasto vedovo può contare sulla pensione di reversibilità, il contributo statale che viene versato ai familiari del pensionato defunto. Per molti un'ancora di salvezza. "La legge parla chiaro - racconta Giovannina, classe '23, mentre riprende fiato dopo le danze -: se ti risposi, perdi tutto. Per questo, io e Piero abbiamo trovato una soluzione alternativa: ci siamo sposati solo in chiesa. Per il Comune il nostro matrimonio non esiste". Il matrimonio religioso "con sospensione della trascrizione civile" è una cerimonia intima, quasi "segreta". Sui registri dell'anagrafe non compare nulla: "Per lo Stato risultiamo ancora vedovi e a fine mese mi arrivano due pensioni: la mia e quella del mio primo marito" dice Giovannina. "Facevo la commessa in un negozio di confezioni sportive - continua - Che pensione posso avere? Quando facevo otto ore, il padrone ne segnava tre. Per fortuna mio marito lavorava all'estero. In tutto ora arrivo a 600 euro: non posso perderli". Fa i conti, e chiede conferma al suo compagno: "Sì, è lui che si occupa dei nostri risparmi, io non ho memoria. Dividiamo le spese a metà, un'intesa perfetta". (...) "Ufficialmente rimaniamo due vedovi - prosegue Piero -. Abbiamo mantenuto la residenza di prima, persino il medico di famiglia. Ma almeno davanti a Dio, e per la gente del nostro quartiere, siamo marito e moglie". La nuova vita a due comporta qualche compromesso: "Dopo 40 anni con la stessa donna, fai fatica

ad abituarti a un'altra persona - dice Piero -. Qualche volta ci si scontra, ma è una scelta che rifarei. Da solo ho resistito solo un inverno, terribile". "Quando sono stata male, lui è stato giorno e notte al mio fianco, come se fossi una bambina - aggiunge Giovannina -. Ma se Piero dovesse ammalarsi, mi perderei fra ospedali, visite, ticket". (...) Al Polo Ferrara cambia la musica, si scambiano le coppie. Qualcuno rimane a guardare. "Ci sono donne con una pensione misera - dice a bassa voce una settantenne -. Vengono a ballare per 'rimorchiare'. La prima domanda che fanno è 'Quanto hai di pensione?'". E si passa al tango.»

Matrimoni di convenienza

«Solitudine e convenienza vanno a braccetto. Quando Mario, italiano di 75 anni incontra Katia, polacca di 25, nasce un'intesa. Davanti all'altare Mario si accaparra una moglie giovane e carina. Katia il diritto alla cittadinanza italiana.

Solo nel capoluogo lombardo l'anno scorso si sono celebrati 240 matrimoni tra italiani over 40 e stranieri. In 200 casi era l'uomo ad avere la cittadinanza italiana e 134 spose avevano meno di 40 anni. Se gli uomini "attempati" preferiscono giovani donne brasiliane, rumene e peruviane, le italiane over 65 prediligono mariti albanesi, marocchini e tunisini.

Katia, arrivata in Italia da Lòdz, cittadina dove c'è poco lavoro e tanta malavita, fa la conoscenza di Mario, proprietario di un negozio di dischi alla ricerca di una badante. Tra i due il rapporto di lavoro si trasforma presto in un'intesa sentimentale che sfocia in matrimonio un anno dopo. "Ho un figlio in Polonia, ma lì non ci voglio tornare" racconta Katia. Vuole diventare italiana. Lui è ricco di famiglia e a Katia piace la villa in cui vive e lavora. Oggi Katia ha la cittadinanza. "Mi piacerebbe stare sempre qui, anche con mio figlio" continua Katia. Mario non le nega l'eredità della sua villa nel testamento, ma i fratelli, due ricchi imprenditori, assumono degli avvocati per annullarlo.

La gente mormora. La famiglia di Mario si vergogna e accusa Katia di averlo raggirato, lei manda un assegno mensile a suo figlio, che vive in una casa abusiva nella periferia di Lòdz. "Ma mio marito non vuole che i suoi soldi finiscano lassù" racconta Katia. L'idillio finisce, lei inizia a bere, lui non le permette di uscire di casa. Sono passati dieci anni, ma lei tiene duro: "Tra qualche anno avrò la casa tutta per me e mio figlio potrà crescere in Italia". Da italiano.»

(Elena Parasiliti e Leo Gianmarioli - Terre di mezzo 124, aprile 2005)

E a noi chi ci bada?

Le vediamo che camminano piano e si siedono sulle panchine ai giardinetti, come vecchie amiche. Un'espressione un po' ruvida le definisce badanti ma già ora e sempre più nel futuro, saranno preziose collaboratrici e integratrici dell'affetto e delle cure dei parenti.

L'indagine Censis "Quarto Rapporto sugli Anziani in Italia 2004-2005", le inquadra come "donne immigrate di età media, con buon livello di istruzione, provenienti prevalentemente dai Paesi dell'Est europeo". In Italia "si ritiene siano circa 500mila". Secondo la ricerca il 2,4% degli anziani italiani vive con una badante (2,8% al Sud, 3,6% al Centro, 1,4% al Nord-Est, 1,7% al Nord-Ovest), anche a motivo del costo dei ricoveri in strutture residenziali.

Una 'buona badante' è necessario che sia in grado di comunicare con l'anziano, sia partecipe del suo bisogno affettivo, conosca le principali regole dell'igiene e della cura della persona, sia consapevole dei rischi per la salute dell'anziano, sappia prendere provvedimenti idonei in situazioni di emergenza, soprattutto quando assiste un anziano instabile, e che sia parte attiva nella rete 'anziano-familiari-referenti istituzionali'. "Per questo sono necessari percorsi di formazione per badanti, iniziative già prese da Enti pubblici e associazioni varie in diverse parti d'Italia - afferma il geriatra Carlo Vergani dell'Università di Milano -. Per migliorare la qualità della vita dell'anziano abbiamo bisogno di una figura riconosciuta, qualificata, che sia alleata della famiglia".

Oltre all'iniziativa di Caritas, da ottobre 2005 è attivo lo "Sportello Assistenti Familiari" presso la Direzione di Progetto Mi-

lano Lavoro, in piazza Cantore 10. Un servizio che il Comune di Milano offre ad anziani e famiglie che cercano persone con le quali stabilire un rapporto di lavoro per l'assistenza a domicilio. Famiglie ed anziani vengono messi in contatto con le persone più adeguate alle loro esigenze, fra le quali possono scegliere con chi stabilire un rapporto di lavoro. Dal 18 aprile 2006 e senza data di scadenza sono invece aperte le iscrizioni per entrare nell'Elenco delle badanti del Comune di Milano, l'iscrizione al quale, su domanda degli interessati in possesso di requisiti specifici, oltre a quelli di legge, come la frequenza dei corsi riconosciuti o un'esperienza di almeno sei mesi e una discreta conoscenza della lingua, è subordinata alla valutazione di apposita Commissione tecnica.
I corsi gratuiti per assistenti familiari del Comune di Milano, riservati alle persone che abbiano presentato domanda d'iscrizione all'Elenco badanti pur essendo privi dei titoli richiesti e/o di esperienza lavorativa continuativa, sono attivi - a partire da settembre 2005 - presso la Scuola per operatori sociali di viale d'Annunzio 17, 20123 Milano. Tel. 02-89.40.72.77.
Per presentare domanda d'iscrizione all'elenco, è necessario fissare un appuntamento telefonando ai numeri 02-88.46.57.17/8 nei giorni di lunedì (14 alle 16.30), martedì e giovedì (9.30 alle 12.30). Il modulo d'iscrizione è reperibile presso l'Ufficio Elenco badanti o sul sito del Comune.

Comune di Milano - Settore anziani e strutture Residenziali - Servizio centrale anziani
Ufficio Elenco badanti - Via De Amicis 17 - 20123 Milano
E-mail: Anziani.ElencoBadanti@comune.milano.it

Gattare e gattari

Evelina ha un aspetto da ombrello rotto, così chinata sul marciapiede vicino alla cancellata, incurante della gonna che striscia per terra e del sacchetto lurido che gli sbatte addosso. Sta ferma e contempla per un tempo lunghissimo. Non è malvestita, è quasi elegante. Sposta con circospezione con un bastone per le tende la ciotole con il cibo. Qui, in una striscia di giardino in via Calatafimi, quasi centro di Milano, ci sono una mamma e tre micini di poco più di un mese. Li guarda con tenerezza e dice "Sono buffi, appena riesco ad acchiapparli li porto dal veterinario", poi si lancia in una lunga dissertazione sulla socialità di cani e gatti, maledicendo il suo randagio felino che a casa rischia sempre di farla cadere. Niente figli, niente nipoti, solo gatti.

Le gattare e i gattari sono un piccolo fenomeno sociale. Sono numerose le signore e i signori anziani che curano le cosiddette colonie feline, con la stessa sollecitudine che metterebbero con i loro più cari congiunti. Alcune, magari poco deambulanti, collocano la colonia addirittura... in casa, con grave disappunto dei vicini, altre scelgono animali meno accattivanti, come i piccioni - non è infrequente vedere anziani essere amichevolmente assaliti quando arrivano con il mangime -, o meno domestici, come le colonie di ricci che resistono ancora in qualche giardino. Tenere e meritorie, le gattare esercitano una tutela di fatto degli animali, tanto che la provincia di Milano, attraverso il neonato Ufficio diritti animali della Provincia di Milano ha avviato, a partire da metà febbraio 2005, il primo censimento provinciale delle colonie feline, per costruire una banca dati sul randagismo. Tutti i cittadini, le associazioni eco-animaliste e in particolare le gattare e i gattari dei 189 comuni della provincia sono invitati a richiedere e inoltrare all'Ufficio diritti degli animali via e-mail o via fax o via posta (viale Piceno, 60 -20129 Milano) i moduli stessi con i dati relativi alle colonie che assistono o delle quali conoscono l'esistenza. Del resto il "Regolamento comunale per il benessere degli animali" stabilisce all'articolo 36 che anche il Comune riconosce l'attività benemerita dei gattari/e e promuove corsi di formazione per aspiranti tali, permette esplicitamente il posizionamento di cucce e mangiatoie e ne proibisce la rimozione.

Per informazioni
Ufficio Tutela animali. Tel. 02-88.45.43.22/66.730

LE OPPORTUNITÀ

IL VOLONTARIATO E L'IMPEGNO

IL WELFARE CON I CAPELLI BIANCHI

Il futuro del welfare e del volontariato ha i capelli bianchi. Il ruolo degli anziani come risorsa per il volontariato, la cittadinanza attiva e il nuovo welfare locale è sempre più rilevante. Il rapporto Istat 2004 è infatti testimone di una tendenza: cresce l'età media delle persone attive nelle reti di solidarietà, passando dal 43,2% del 1983 al 48,4 del 2003 e tra le persone che forniscono aiuto gratuito aumentano proprio quelle tra i 65 e i 74 anni. L'11-12 per cento degli ultrasessantacinquenni fa volontariato in un'associazione (Irp, Istituto ricerche sulla popoiazione e Censis), mentre il 52,2% sceglie di donare denaro in beneficenza e il 40 per cento aiuta, anche in modo informale, persone in difficoltà (Censis 2005).

Auser - Associazione per l'autogestione dei Servizi e la Solidarietà

"L'Auser nasce nel 1989 da una lungimirante iniziativa di Cgil-Spi con l'obiettivo di valorizzare gli anziani e far crescere il loro ruolo attivo nella società". Lo dice Emilio Lunghi, Presidente di Auser Lombardia. "I tempi di vita sono mutati. L'attesa di

vita è ormai di 76-78 anni; sta cambiando il rapporto tra i periodi della vita, formazione-lavoro-pensione. Davanti a chi va in pensione ci sono anche 20-30 anni di vita. Noi la riteniamo una risorsa incredibile da sfruttare, un patrimonio umano, di relazione, di professionalità e di tempo liberato. La risorsa anziani è la vera occasione dell'economia sociale dei nostri giorni, fattore di inclusione e di coesione sociale, di comunità e di partecipazione. Così si spiega anche la crescita dell'esercito di volontari da 8 a 21mila dall'uscita della legge 266/91".
"Auser - continua Lunghi - è un'associazione "dai mille fiori", che si propone di intercettare i bisogni del territorio con lo spirito del volontariato, che è quello del sentirsi parte. Risponde a bisogni di assistenza, cultura, informazione, viaggi (vedi attività). E alle esigenze degli anziani fragili, in condizioni sempre più difficili da quando manca il supporto familiare e con un'istituzione pubblica sempre più carente e sussidiaria. Ma una delle cose più importanti è non ingabbiare nella burocrazia la disponibilità delle persone in pensione a 'fare'. Per questo stiamo preparando una proposta di legge sull''invecchiamento attivo', per prepararsi e formarsi a una nuova epoca della vita". (Vedi anche la ricerca Auser 2005 "Arti per l'invecchiamento", scaricabile dal sito www.auser.it)

Le attività

Auser ha una base associativa nel Comprensorio di Milano di 5.995 soci, oltre 60mila in Lombardia. Il territorio milanese conta 44 associazioni affiliate. Nel comprensorio di Milano ci sono 1.107 volontari attivi (oltre 500 nella città) di cui 490 donne. Nel bilancio sociale 2004, 320.946 sono le ore di volontariato dedicate alle diverse attività di solidarietà. La sua carta dei valori mette al primo posto l'esigenza di "... sviluppare con particolare riferimento alle persone anziane e ai rapporti intergenerazionali, il volontariato, le attività di promozione sociale, l'educazione degli adulti, la solidarietà internazionale". Ed ecco la telefonia sociale del Filo d'argento, la consegna di pasti a domicilio rivolto a persone con gravi problemi economici o impossibilitate a prepararsi il pasto da sole tutti i giorni (nelle zone del decentramento 8 e 9 nel 2004 sono stati consegnati 54.600 pasti), le cene organizzate ogni sabato nel reparto di oncologia dell'Ospedale San Carlo, le attività dell'Università della terza età in Milano e Provincia (vedi anche il capitolo "I servizi pubblici e privati"). Senza dimenticare "I giochi di Liberetà" gare sportivo-intellettive, organizzate con Spi-Cgil, che si tengono in tutta Italia. Tra le discipline pittura, fotografia, poesia, racconti, carte, ballo, bocce, tennis, pesca. L'undicesima edizione nel 2005 ha visto 1.260 partecipanti residenti per i quattro giorni e 200 presenze libere.

Un impegno vigile: i "Nonni Amici"

Inoltre da qualche anno le associazioni sindacali dei pensionati, in particolare Auser-Cigl, ma anche Ada-Uil e Antea-Cisl, in convenzione con il Comune di Milano e altri Comuni, garantiscono il servizio dei "Nonni Amici", finalizzato alla protezione dei bambini davanti alle scuole. 250 nonni vigili a Milano e un migliaio in tutta la Lombardia, provvedono a far attraversare la strada e a vegliare sulla loro sicurezza. I "Nonni Amici" sono stati fra i protagonisti delle iniziative di Legambiente "Andiamo a scuola a piedi" e "Torniamo da scuola a piedi", volte a decongestionare il traffico davanti alle scuole nell'ora di punta. Per aderire rivolgersi agli indirizzi di cui sopra.

Auser, Via dei Transiti 21 - Tel. 02-26.82.63.20
Associazione per i diritti degli anziani, Via Campanini 7
Tel 02-67.11.02.405
Associazione Nazionale Terza Età Attiva, via Tadino 23
Tel 02-20.52.53.46

Spi - Sindacato Pensionati Italiani

SPI Regionale Lombardia
Via dei Transiti, 21 - 20127 - Milano (MI)
Tel 02-28.85.831 - Fax 02-26.82.52.32
E-mail: spi@lomb.cgil.it
Siti internet: http://www.pensionati.lombardia.it
http://www.signoreesignori.it/

ASSOCIAZIONI DI VOLONTARIATO E ANZIANI

In questa sezione segnaliamo sia le associazioni in cui gli anziani hanno una parte attiva, sia quelle che si dedicano alla loro promozione, assistenza, cura. Inutile dire che le caratteristiche spesso sono indissolubilmente legate.

Acfa - Associazione colognese famiglie anziani
Via Milano 3 - 20093 Cologno Monzese (MI)
Tel. 02-25.38.808 - 02-25.30.83.19
E-mail: acfacologno@tiscali.it
Segretariato sociale, difesa dei diritti, rubrica "cercasi-offresi" per assistenza agli anziani.

Ail - Associazione italiana laringectomizzati
Via Friuli 28 - Tel. 02-55.10.819 - Sito internet: www.laringect.it

Ager - Associazione per la ricerca geriatrica e lo studio della longevità
Corso Sempione 51 20145 - Milano - Tel. 02-33.60.05.50
E-mail: ageron@ageronline.it - Sito internet: www.ageronline.it
Favorire la ricerca scientifica sul processo dell'invecchiamento, patrocinare studi sulla prevenzione e cura delle patologie degli anziani.

Aiuca
Via IV Novembre 26 -23842 Bosisio Parini (LC)
Tel. e fax 031-87.66.13 - E-mail: aiuca@aiuca.org
Fondata nell'aprile del l'Aiuca, Associazione italiana uso cani d'assistenza, affidare cani d'assistenza a disabili fisici psichici e sensoriali, promuovere e sostenere le Attività assistite dall'animale (Aaa) e Terapie assistite dall'animale (Aat) negli istituti geriatrici, ospedali, centri di riabilitazione, scuole, centri socio educativi, cooperative, penitenziari, ecc. che credono nella potenzialità dell'animale come fonte di stimolo per migliorare le condizioni di vita dei propri assistiti, organizza dimostrazioni per le scuole, per centri culturali e per associazioni.

Alsi - Associazione lombarda incontinenti e stomizzati
Via Ponzio 44 - Tel. 02-70.60.51.31
Sito internet: www.fais.info

Associazione nazionale alpini - Sezione di Milano
Via V.Monti, 36 - 20123 Milano
Tel. 02-48.51.97.20 - E-mail: milano@ana.it

Ancescao - Associazione nazionale centri sociali, comitati anziani e orti
Sede nazionale - Via Fioravanti 22 - 40129 Bologna
Tel. 051-35.21.78 - Fax 051-35.29.66
E-mail sede di Milano: ancescao@provincia.milano.it
All'Associazione nazionale centri sociali, comitati anziani e orti possono aderire i Centri sociali anziani, i Comitati anziani e Comitati di gestione delle zone ortive, hanno la qualità di soci otutte le persone iscritte ai Centri sociali anziani, costituiti in associazioni e comitati, presenti nei diversi territori. Obiettivo dell'associazione è quello di aiutare gli anziani a vincere la solitudine e l'emarginazione spesso proprie della vecchiaia.

Antea - Associazione nazionale terza età attiva
Via Tadino 23 - 20124 Milano
Tel. 02-20.52.53.46 - 02-20.52.53.06.
E-mail: anteamilano@tiscalinet.it - Sito: www.anteamilano.org
Valorizza le risorse e l'esperienza dei pensionati che, attraverso un lavoro organizzato, realizzano progetti di volontariato a favore di anziani in difficoltà, minori, orfani e disabili.

Aval - Associazione volontariato Acli Lombardia
Via Della Signora 3 - 20122 Milano
Tel. 02-77.23.224 - E-mail: carladellorto@aclimilano.com
L'Aval è un'associazione che persegue come scopi sociali.l'assistenza socio-sanitaria, la tutela dei diritti civili e la formazione.

Avct - Associazione volontari civili trezzesi
Piazza Crivelli 2 - 20056 Trezzo sull'Adda (BG)

Tel. 02-90.96.45.56 - E-mail: avct2003@libero.it
Trasporta anziani, persone sole con difficoltà motorie, invalidi, minori, a case di riposo e ospedali, organizza momenti di aggregazione, soggiorni estivi e invernali.

Avs - Associazione volontari samaritani
Via Tagliamento 24 - 20089 Rozzano (MI)
Tel. 02-57.51.12.97 - E-mail: lunghialfredo@libero.it
Trasporta malati o persone bisognose da casa ai vari luoghi di cura.

Abbeyfield Italia
Piazzale Baracca 2 - 20123 Milano
Tel. 800.820.095 - 02-95.75.42.03
E-mail: info@abbeyfield.it - Sito internet: www.abbeyfield.it
Assistenza residenziale ad anziani soli in piccole comunità familiari.

Amici di Don Palazzolo
Via Don Palazzolo 21 -20149 Milano
Tel. 02-39.70.34.12
Combatte l'emarginazione degli anziani, dà aiuto e assistenza a domicilio ad anziani soli.

Associazione Aiuto
Via Salsomaggiore 12 - Milano
Tel. 02 69.00.56.78 - Sito internet: www.aiuto.to.it
Trasporto di persone anziane e disabili.

Associazione Anziani più
Via Monte Rosa 3 - 20169 Milano
Tel. 02-48.00.14.89 - E-mail: carmelina.boldrini@tin.it
Assiste a domicilio gli anziani e le loro famiglie.

Associazione Assistenza 2000
Via Palanzone 31 - 20162 Milano
Tel. 02-66.11.63.22
E-mail: ass2000@inwind.it
Sito internet: www.associazioni.milano.it/ass2000/

Associazione Cena dell'amicizia
Via Lattanzio c/o Parrocchia S.Pio V, Milano
Sito internet: www.cenadellamicizia.it
Cena settimanale a cui partecipano molte persone anziane, senza dimora, con problemi fisici e psichici.

Associazione Emergenza anziani di Milano
Via R. Bertoni 9 - 20121 Milano
Tel. 02-48.51.74.95
E-mail: infotiscali@emergenza-anziani.it
Sito internet: www.emergenza-anziani.it
Stimola e raccoglie e indirizza la disponibilità delle persone verso l'aiuto agli anziani di Milano.

Associazione Età dell'oro
Via Demonte 8 - 20162 Milano
Tel. 02-66.10.21.06
E-mail: info@etadelloro.org - Sito internet: www.etadelloro.org
Centro di ascolto solidale e assistenza agli anziani, anche per problemi burocratici e amministrativi.

Associazione Monica Cantù
Via Vittorio Emanulele 33 - 20040 Usmate Velate
Tel. 039-60.76.703 - E-mail casafamiglia93@libero.it
Offre aiuto alle persone con disabilità fisica, psichica e sociale per un periodo "di sollievo".

Associazione Mozart
Via Juvara 7 - 20125 Milano - Tel. 02-76.00.44.62
Corsi di formazione di carattere geriatrico e attività culturali e ricreative per gruppi di anziani.

Associazione Nestore
Via Daverio 7 - 20122 Milano
Tel. 02-57.96.83.24
E-mail: associazionenestore@virgilio.it
Sito internet: www.associazioni.milano.it/nestore

Studio e intervento sul periodo di transizione al pensionamento; sensibilizzazione all'esterno sul problema dell'abbandono del lavoro e del passaggio alla pensione.

Associazione Pensionati insieme Bellusco
Piazza Fumagalli 6 - 20040 Bellusco
Tel. 039-62.00.049
L'associazione opera nel territorio di Bellusco con lo scopo di ovviare e prevenire eventuali situazioni di isolamento e di emarginazione.

Associazione Sviluppo e promozione
Via Zumbini 19 - Tel. 02-89.12.51.25
Attiva nel Progetto Villaggio Barona con gli anziani che vi risiedono.

Associazione Volontari Caponago
Via De Gasperi 10 - 20040 Caponago
Tel. 02-95.74.21.41 - E-mail: avc@libero.it
L'organizzazione persegue fini di solidarietà civile, culturale e sociale.

Associazione Volontariato Istituto Leone XIII
Via Leone XIII 12 - 20145 Milano
Tel. 02-43.85.01
E-mail: info@leonexiii.it - Sito internet: www.leonexiii.it
Offre ai ragazzi della scuola secondaria la possibilità di conoscere e praticare la solidarietà verso persone bisognose di sostegno e vicinanza.

Centro anziani pensionati
Via Beata Vergine 45 - 20020 Arconate
Tel. 0331-46.02.05
E-mail: ceanpen@libero.it
Attività di promozione sociale, turismo e tempo libero, teatro e cinema.

ConVoCo - Consulta volontariato concorezzese
Via Libertà 74 - 20048 Concorezzo (MI)
Tel. 039-62.80.04.45
Coinvolge associazioni di volontariato locali in iniziative comuni.

Fili d'argento
Via Buon Gesù 17 - 20017 Rho (MI)
Tel. 02-93.50.76.21
E-mail: filidargento@libero.it
Fornisce aiuto e sollievo agli anziani bisognosi segnalati dai servizi sociali del Comune di Rho.

Gap - Gruppo auxilium primatista
Via Bonvesin della Riva 12 - 20129 Milano
Tel. 02-70.12.43.30 - 02-70.15.121
E-mail: auxiluim.bonvesin@virgilio.it
Assiste realtà povere, quali anziani, famiglie, Rom.

Gruppo volontari medesi
Via Parini 4 - 20036 Meda
Tel. 0362-75.649
E-mail: moline@tin.it
Servizi gratuiti a sostegno delle famiglie e persone sole in difficoltà.

Fabbrica dell'esperienza di Milano
Piazza S.Giuseppe 12 20162 Milano
Tel. 02-64.25.599
E-mail: info@faesmi.org - Sito internet: www.faesmi.org
Nasce nel 1999 a Milano. Si pone come momento di dialogo e amicizia tra persone anziane. Ha attivato sportelli a cui rispondono medici, sociologi, fiscalisti e rappresentanti della pubblica amministrazione.

Lega italiana osteoporosi
Via Masolino da Panicale 6
Tel. 02-39.21.15.33
Sito internet: www.lios.it
La Lega Italiana Osteoporosi per la ricerca, la prevenzione e la cura delle malattie demineralizzanti delle ossa è un'associazione che ha lo scopo di promuovere la conoscenza di queste malattie, fornendo informazioni ai pazienti, ai medici e al pubblico in generale, e di sostenere la ricerca scientifica in questo settore della medicina.

Linea anni più
Via Fornari, 19 - 20146 Milano
Tel. 02-40.35.865 - 02-40.29.302 - E-mail: annipiu@tiscali.it
Promuove e gestisce un servizio di assistenza telefonica volto ai problemi degli anziani. Gestisce la corrispondenza del "Club Amicizia" del settimanale Confidenze.

Opera Cardinal Ferrari
Via Boeri 3 - 20141 Milano
Tel. 02-84.67.411 - E-mail: info@operacardinalferrari.it
Sito internet: www.operacardinalferrari.it
Offre servizi alla persona (mensa, centro diurno, servizio sociale, parrucchiere, docce, guardaroba) mirando al recupero della dignità e delle capacità residue di ognuno dei suoi ospiti, i "Carissimi", soprattutto anziani soli e indigenti.

Pane quotidiano
Viale Toscana 28 - Milano
Viale Monza 335 - Milano
Tel. 02-58.31.04.93 - 02-27.00.04.68
Storico servizio di distribuzione del cibo, ascolto, assistenza sociale.

Sea - Servizio emergenza anziani
Via Bramantino 4 - 20155 Milano
Tel. 02-39.21.99.77 - E-mail: seamilanouno@virgilio.it
Offre gratuitamente un aiuto agli anziani in difficoltà per solitudine e malattia.

Seneca
Via Solari 19 - 20144 Milano
Tel. 02-89.42.05.32 - E-mail: associazione.seneca@libero.it
Sito internet: www.mybestlife.com/seneca
Cure e assistenza a domicilio.

Tazzinetta benefica
Via Marcona 34 - Milano
Tel. 02-76.11.307

Sito internet: www.tazzinettabenefica.com
Associazione storica (data al 1893), che distribuisce pacchi di viveri di prima necessità. Organizza mostra dei presepi in Duomo dal 1950.

Vsp Bruzzano - Volontari a sostegno della persona
Via Acerbi 39 - 20161 Milano
Tel. 02-64.65.818 - E-mail: info@fondazioneaquilone.org
Sito internet: www.fondazioneaquilone.org
Promozione della persona a sostegno delle situazioni di difficoltà; promozione di una cultura della solidarietà tra famiglie.

ASSOCIAZIONI MALATTIA DI ALZHEIMER

Alzheimer Italia
Via T. Marino 7 - 20121 Milano
Tel. 02-80.97.67
E-mail: alzit@tin.it - Sito internet: http://www.alzheimer.it

Alzheimer Bergamo c/o Beppe Pirola
Via Maffioli 21 - 24020 Scanzorosciate (BG)
Tel. 035-45.99.787

Fondazione Manuli
Fondazione per l'assistenza domiciliare
Via Vittor Pisani 22 - 20124 Milano
Tel. 02-67.03.140 - 02-67.02.843
Sito internet: www.fondazione-manuli.com

Graal - Gruppo di reciproco aiuto per la malattia di Alzheimer
Centro Donatori del Tempo
P.za Mazzini 9 - 22100 Como
Tel. e fax 031-27.02.31

Aima - Associazione italiana malattia di Alzheimer
Ripa di Porta Ticinese 21 - 20143 Milano

Tel. 02-89.40.62.54 - Tel. e fax 02-89.40.41.92
Sito internet: www.alzheimer-aima.it
Il primo Alzheimer Cafè di Milano ha aperto presso la residenza socio-sanitaria S.Giorgio, primo punto di una struttura itinerante dove familiari e malati possono stare insieme, ascoltare musica, cantare e ballare. La struttura composta da operatori, psicologi, educatori e volontari di Aima, da settembre si sposterà in 4 diverse zone della città.

BANCHE DEL TEMPO DI MILANO E PROVINCIA

Coordinamento banche del tempo di Milano e provincia
c/o Auser, Via dei Transiti, 21 - 20127 Milano
Tel. 02-26.18.006
Sito internet: www.banchetempo.milano.it
Le banche del tempo a Milano e provincia (elenco sul sito) e quelle lombarde (http://www.tempomat.it/anagrafici/BTLombardia.html) sono luoghi dove si scambiano in modo paritario saperi, esperienze, disponibilità, conteggiando debiti e crediti in "ore".
La banca del Tempo ripropone in forma moderna i rapporti di buon vicinato che esistevano un tempo nelle case a ringhiera, nelle corti, nei paesi. Si mettono così in moto una molteplicità di scambi che soddisfano non solo i bisogni materiali ma anche quelli di relazione dei singoli in un clima amichevole e di cooperazione.
Un'esperienza di socialità e di gratuità reciproca, in cui si scambia Un'ora di tempo impiegato ha valore di un'ora, a prescindere dalla prestazione offerta: la riparazione di un piccolo guasto elettrico, l'accompagnamento di bambini e anziani, una lezione di informatica o un invito a cena, una conversazione in lingua, la cura di animali e piante domestiche. La gestione della Bdt è di solito demandata a un gruppo operativo, un comitato di gestione o un coordinamento, con un coordinatore che rappresenta la Bdt verso l'esterno e che tira le fila delle attività. Il coordinamento e il coordinatore hanno la responsabilità di pianificare le varie attività, pubblicizzare le finalità della Banca del tempo, tenere i contatti con i cittadini.

DIOCESI DI MILANO

A questo indirizzo internet trovate tutto quello che riguarda gli anziani a livello diocesano. Sul portale www.chiesadimilano.it c'è anche l'elenco di tutte le parrocchie, uno dei luoghi "informali" dove gli anziani si ritrovano, per fare volontariato e per chiedere una mano.

http://www.chiesadimilano.it/or4/or?uid=ADMIesy.main.inde x&oid=32259#

Movimento terza età Diocesi di Milano

"Nella vecchiaia daranno ancora frutti", dice il salmo 92,15. Il Movimento terza età, si occupa - coerentemente con i valori confessionali - "dell'evangelizzazione e della promozione umana dell'anziano". Si rivolge alle persone, credenti e non credenti, in età pensionabile ed è presente in oltre 400 parrocchie della diocesi di Milano: luoghi privilegiati dove si concretizzano la formazione, l'amicizia, la solidarietà. In ogni gruppo gli animatori hanno il compito dell'animazione, della promozione e della realizzazione delle iniziative. La "proposta" si realizza mediante la "formazione religiosa e spirituale", che si prefigge di sviluppare i carismi tipici della persona anziana quale "dispensatrice di sapienza, testimone di speranza e operatrice di carità" attraverso catechesi, preghiera, giornate di ritiro spirituale, momenti di cultura e aggiornamento, attraverso corsi, convegni, tavole rotonde, concerti e cineforum, momenti di volontariato, amicizia e socializzazione, creatività e sport che comprendono gite, momenti di convivialità, cori, gare sportive. Senza dimenticare il turismo culturale e religioso, viaggi e pellegrinaggi.

Movimento terza età Diocesi di Milano
Via S.Antonio 5 - 20122 Milano
Tel. 02-58.39.13.31/3 - Fax 02-58.39.13.45
Segreteria diocesana: martedì, mercoledì, giovedì,
orario 9.30-12.30 14-16

I COMITATI DI QUARTIERE

Il Coordinamento dei comitati di quartiere a Milano (CCM) si è costituito agli inizi degli anni 90 e riunisce oggi circa 60 comitati, che promuovono la sicurezza del territorio e combattono il degrado ambientale. Un monitoraggio costante quartiere per quartiere, la pubblicazione dei "libri bianchi di via", denunce delle situazioni a rischio, e l'attivazione di numeri telefonici (Sos antidegrado) per raccogliere le segnalazioni dei cittadini sono le attività principali; non si contano le manifestazioni di piazza e le fiaccolate, le petizioni per stimolare le azioni di presidio delle forze dell'ordine e del Comune sul territorio, gli incontri con gli amministratori locali. I comitati hanno sollecitato e ottenuto il rafforzamento degli organici di polizia sul territorio, l'attivazione del vigile di quartiere, il potenziamento dell'illuminazione e politiche di riqualificazione ambientale nelle aree più degradate e a rischio. Sul versante immigrazione il CCM si impegna per favorire l'integrazione degli immigrati regolari e contrastare la clandestinità.

Coordinamento dei comitati milanesi
Via Cenisio 10/a - 20154 Milano- Tel. 335-84.58.664
Segreteria e fax 02-33.10.74.24 - E-mail:
coord.comitatimilanesi@tin.it - Sito: www.cocomi.it

Fanno parte del Coordinamento comitati milanesi i seguenti comitati e associazioni:

Associazione Cassina de Pomm
Associazione Età dell'oro
Associazione Obbiettivo Sanità
Associazione Villapizzone Viva
Comitato Abruzzi Aspromonte
Comitato Adriano Gobba Crescenzago
Com. Autogestione Demonte 2, 4, 6
Comitato Bacone
Comitato Benedetto Marcello
Comitato Bonnet Toqueville
Comitato Brera 95
Comitato Canonica
Comitato Chiesa Rossa
Comitato Cittadini per la sicurezza
Comitato civico di Roserio
Comitato Cividale del Friuli
Comitato CO.DI.DO

Comitato Coop. Dar Casa
Comitato Corso Lodi
Comitato Crescenzago
Comitato Definetti Danusso
Comitato di quartiere Figino
Comitato di quartiere S. Ambrogio I
Comitato di quartiere San Siro
Comitato di Via Martinazzoli
Comitato Educazione Cittadini
Comitato Figino
Comitato Fontanili e Territorio Milano Ovest
Comitato Gaio Novelli
Comitato Garègnano Musocco
Comitato Gest. Auto. Mar Nero 6 - 8
Comitato Il Giardino della Conca
Comitato Maestri Campionesi
Comitato Maino Goldoni
Comitato Missaglia
Comitato Missaglia Centrale termica
Comitato Missaglia-Abbiategrasso Zona 5
Comitato Orcagna
Comitato Padova Martesana CPM
Comitato Pallavicino
Comitato Papiniano
Comitato Parco delle Cave
Comitato Pasubio e dintorni
Comitato per il Parco delle Basiliche
Comitato per il Parco Via Sorrento
Comitato per l'adozione di via San Marco
Comitato per Viale Monza
Comitato Porta Romana
Comitato Principe Eugenio
Comitato Promotore di Zona Otto
Comitato Quartiere Bicocca
Comitato Quartiere Bovisasca
Comitato Quartiere Comasina
Comitato Quartiere Greco
Comitato Quartiere Muggiano
Comitato Quartiere Rogoredo
Comitato Quartiere Ticinese
Comitato Quartiere Valsesia
Comitato Quartiere Viridiana
Comitato Quarto Oggiaro Vivibile
Comitato Quelli della 19
Comitato Quinto Romano
Comitato Salviamo la Zona 5 - Baravalle
Comitato San Marco Garibaldi
Comitato Sant'Eustorgio
Comitato Soccorso violenza sessuale
Comitato spontaneo Rossellini
Comitato spontaneo Via Benaco e dintorni
Comitato spontaneo Via Fulvio Testi
Comitato Stadera Spaventa Savoia
Comitato Teodosio e dintorni
Comitato Ticinello
Comitato Valla Lampedusa
Comitato Valtellina e dintorni
Comitato Venezia Buenos Aires
Comitato Via della Spiga
Comitato Via Viganò e dintorni
Comitato Vialba
Comitato Viale Tunisia
Comitato Viale Zara
Comitato Vincenzo Monti
Comitato Vivere Quinto
Comitato ViviSarpi
Comitato Washington e dintorni
Comitato Zona Tre

LA CULTURA: UNIVERSITÀ E CORSI, TURISMO SOCIALE

LE "UNIVERSITÀ POPOLARI"

Si allunga la vita e migliora la sua qualità, anche in età avanzata, e si assiste, a livello mondiale, a un fiorire di attività di educazione formale e non formale, dedicate ad adulti e anziani. L'aumento esponenziale del numero di Università popolari per la terza età - 3.000 in tutto il mondo, circa 500 in Italia -, rappresenta la voglia di cultura di circa 200mila italiani sopra i cinquant'anni.
Nonostante molti di loro possiedano già una cultura personale medio-alta, il desiderio di proseguire il cammino formativo è forte. Le università popolari rispondono a un bisogno di cultura ma anche di socializzazione. I caratteri essenziali e vincenti di queste università sono riassumibili nell'ampia scelta formativa, nei prezzi facilmente accessibili e nella possibilità offerta di stringere nuovi rapporti personali.

Unitre Milano
Università delle tre età e della terza età

Nasce a metà degli anni 70 e ora conta 300 sedi in Italia, di cui una decina in Lombardia.
"Segno distintivo di Unitre - spiega il Rettore Silvio Bolognini -

è l'approccio metodologico intergenerazionale - possono frequentare persone di ogni età - e la terzietà rispetto a qualsiasi ideologia politica". Unitre è un'associazione di promozione sociale. I corsi sono oltre mille, dalla lettura di Dante, al cabaret milanese, da Windows alla sessuologia. "Altre caratteristica è la libertà del corsista di scegliere un piano di studi personalizzato. In teoria una persona con la stessa iscrizione di 170 euro (150 per gli iscritti all'anno precedente *ndr*) può frequentare dalle 9 alle 24 tutti i corsi, ma anche partecipare a tutte le attività collaterali del "Laboratorio Unitre", feste, momenti conviviali, mostre e così via. O anche usufruire del supporto di psicoterapia e *counseling*".
Gli iscritti sono da 2.000 a 2.500 all'anno, circa 500 gli insegnanti, rigorosamente volontari, esperti e professori universitari. "Le motivazioni: l'utilizzo del tempo libero in chiave culturale e la possibilità di colmare le lacune formative. Ma anche di ottenere una specializzazione a costo quasi zero, di aggiornarsi come insegnanti: molti studenti sono diplomati e laureati, ma è ambizione dell'Università di intercettare anche la fascia di popolazione più debole. Ultimo ma non meno importante: l'iscrizione a Unitre permette agli stranieri di ottenere il permesso di soggiorno per studio". La sede principale dei corsi è in via Ariberto, mentre le succursali sono in via Circo e in via Crocefisso per il bridge e le attività ludiche. Straordinarie le iniziative collaterali: "I gruppi e le 'botteghe' di musica e teatro producono spettacoli che vengono rappresentati - tra gli altri - al teatro Ariberto. Da ottobre a maggio alcune attività diventano "Giornate nel parco". Non mancano le iniziative turistiche (tel. 333-28.77.493). Il dipartimento di ballo, privilegia la dimensione sociale, le corali la tradizione di musica leggera, tradizionale, lirica e sacra. I livelli dei corsi sono differenziati in propedeutici, istituzionali e monografici e vengono scelti con la consulenza e l'orientamento da docenti e segreteria.
I programmi dei corsi, che vanno da ottobre 2006 a giugno 2007, si possono ritirare in via G.G.Mora 8, con orario continuato dalle 9 alle 21. Tra i dipartimenti: lettere moderne e con-

temporanee, scienze economiche, scienze della comunicazione e dell'informazione, attività teatrali ed espressive, scuola di cinematografia e fotografia. Tutti i corsi, salvo pochissimi, sono aperti con la sola quota d'iscrizione. Le sedi in provincia di Milano e Lombardia.

Unitre Milano
Università delle tre età e della terza età
Via G.G. Mora 16 - 20123 Milano
Tel. 02-86.06.41 - 02-86.06.41 - Fax 02-87.61.52
Info: orario continuato 9-21
Sito internet: www.unitremilano.com (in costruzione)

- *Provincia di Milano*

Basiglio-Milano 3
Via Manzoni 2 - 20080 Basiglio (MI)
Tel. 02-90.78.58.65 - Fax 02-90.75.71.65
E-mail: unitrebasiglio@yahoo.it

Cesano Maderno
Via F.Borromeo 11 - 20031 Cesano Maderno (MI)
Tel. e fax 0362-54.00.85 - E-mail: unitre@cesano.com

Locate di Triulzi
c/o Centro Anziani "La Sorgente" - Via Martiri Libertà, 1/9 20085
Locate di Triulzi(MI) - Tel. 02-90.78.05.20 - Fax 02-90.73.20.12
E-mail: unitrelocate@libero.it

- *Unitre in Lombardia*

Unitre Lodi
c/o Ist. Figlie S.Anna - Via P. Gorini 38 - 26900 Lodi
Tel. 0371-42.02.42

Unitre Pavia
Viale della Libertà 8/c - 27100 Pavia

Tel. e fax 0382-53.06.19
E-mail: unitre_pavia@libero.it

Broni
c/o Villa Nuova Italia - Via Togni 2 - 27043 Broni (PV)
Tel. e fax 0385-54.548

Casteggio
Via Martiri della Libertà 8 - 27045 Casteggio (PV)
Tel. e fax 0383-83684
E-mail: unitre-casteggio@libero.it

Salice Terme
Via Fonte Sales 7 - 27056 Salice Terme (PV) - Tel. 0383-91.353

Unitre Sannazzaro de' Burgondi
c/o Biblioteca Civica - Via Mazzini 32
27039 Sannazzaro de' Burgondi (PV) - Tel. 0382-99.74.85

Unitre Stradella
c/o Istituto S.Chiara - Via Andrea Costa 17/23
27049 Stradella (PV)
Tel. 0385-245663 - Tel. e fax 0385-245093
E-mail: s.chiara@maxidata.it

Unitre Voghera
Piazza del Duomo 70 - 27058 Voghera (PV)
Tel. 0383-42.980 Fax 0383-42.477

Unitre Sondrio
c/o Istituto "S.Croce"- Via Battisti 29 - 23100 Sondrio
Tel. 0342-21.90.80 - Fax 0342-21.90.80
Sito internet: unitresondrio@hotmail.com

Unitre Tirano
Lungo Adda Ortigara 10 - 23037 Tirano (SO)
Tel. 0342-70.46.70 - Fax 0342-70.11.81

Unitre Saronno
Via San Giuseppe 36 - 21047 Saronno (VA)
Tel. 02-96.70.48.11 - Fax 02-96.19.86.23
E-mail: segreteria.saronno@unitre.191

Unitre Sesto Calende
Via Golasecca 20 - 21018 Sesto Calende (VA)
Tel. 0331-92.48.91 - Fax 0331-92.48.91
E-mail: aldopiera@libero.it

Unitre Tradate
c/o Villa Centenari, Piazza Centenari 1 - 21049 Tradate (VA)
Tel. 0331-84.50.77 - Fax 0331-84.16.13

Auser
Università della Terza età e della Libera età

L'Università della Terza età e della Libera età vede protagonisti molti degli oltre 1.000 soci volontari attivi di Auser Milano. Tramite le Università l'associazione intende incentivare la crescita culturale e intellettuale degli anziani e non solo, la loro autonomia, favorirne l'integrazione e la partecipazione.
La sfida è di raggiungere anche quella che è definita la "domanda debole", di coinvolgere cioè gli adulti e gli anziani più a rischio di emarginazione, che conoscono meno le attività organizzate o che non riescono a esprimere e concretizzare i propri interessi. Un progetto di Università della Terza età diversificato nelle proposte, declinato per obiettivi - in particolare raggiungere la popolazione, spesso debole economicamente, residente nell'hinterland - svolto con l'avvallo delle amministrazioni locali in particolare in 7 Comuni Assago, Buccinasco, Cesano Boscone, Cornaredo, Pero, Rozzano, Vimodrone.

Auser - Comprensorio di Milano
Via dei Transiti, 21 - 20127 Milano
Tel. 02-26.82.63.20 - Fax 02-26.82.63.55
E-mail: auser.mi@cgil.lombardia.it

- *Altre università della Terza età e della Libera età in Lombardia*

Milano - Auser 19 Insieme
Via Alex Visconti 22/d - 20100 Milano
Tel. 02-35.34.324 - Fax 02-35.34.324
E-mail: auser19.auser19@tin.it

Auser Insieme Università dell'adulto
Via Papa Giovanni XXIII 1 - 20068 Peschiera Borromeo (MI)
Tel. 02-55.30.54.88 - E-mail: auser.peschiera@hotmail.it

Auser Insieme - Università Liberetà
Via Roma 24 - 20029 Turbigo (MI)

Auser Territoriale Provinciale Bergamo
Via F. Corridoni 42 - 24124 Bergamo
Tel: 035-36.30.70 - Fax 035-41.75.377
E-mail: provincia@auserbg.191.it

Auser Alto Sebino - Terza Università
Piazzale Marconi 41 - 24065 Lovere (BG)
Tel. 035-96.48.92 - Fax 035-96.48.08

Terza Università Brescia
Via Cimabue 16 - 25100 Brescia - Tel. 030-23.11.669

Università Popolare di Como
Via Viganò 4 - 22100 Como - Tel. 031-27.50.38 - Fax 0312-70.400
E-mail: ausercomo@cgil.lombardia.it

Univ. Popolare di Liberetà-Scuola di pace Cremona
Via Mantova 31 - 26100 Cremona - Tel. 0372-44.86.78

Terza Università Progetto essere
Via Besonda 11 - 22053 Lecco
Tel. e fax 0341-48.82.59

Università popolare mantovana
Via Facciotto 5 - 46100 Mantova
Tel. 0376-22.16.15 - Fax 0376-36.98.82
E-mail: auserprovmn@virgilio.it

Scuola aperta popolare c/o Cgil Chiavenna
Via G.B.Cerletti - 23022 Chiavenna (SO)
Tel. 0343-32.512

Universauser Varese
Piazza De Salvo, 9 - 21100 Varese
Referente Donatella Esposti (Auser Lombardia)
Via Dei Transiti 21 - 20127 Milano
Tel. 02-26.11.35.24 - Fax 02-28.96.729
E-mail: donatella.esposti@auser.lombardia.it

Fondazione Università della Terza età "Cardinal Giovanni Colombo"

La Fondazione Università della Terza età "Cardinal Giovanni Colombo" vuole essere aperto all'ascolto, di accoglienza e di confronto, dedicato a coloro che "cercano l'albero evangelico dai grandi rami, che ospita ma non trattiene". Nata nel 1983, da un'intuizione del Cardinale Giovanni Colombo, l'Università della terza età, a lui intitolata, è frequentata da oltre 1.500 iscritti. I corsi sono tenuti da docenti universitari o da esperti di chiara fama e sono raggruppati in due dipartimenti: medico-igienico e storico-letterario.

Il piano degli studi è articolato in tre anni. Le lezioni si tengono dal lunedì al venerdì, mattina e pomeriggio. La sede è situata a Milano, nell'antico e prestigioso studium teologico dei padri agostiniani di San Marco, opportunamente adattato: un luminoso *foyer*, confortevoli aule, dove si incontra un'allegra animazione di seniores preoccupati di non giungere in ritardo alle lezioni. Le discipline scientifiche e umanistiche trovano il loro coronamento nei corsi di cultura religiosa, secondo la specificità propria dell'ateneo. Al termine del triennio, sono numerosi gli allievi che ripetono il ciclo degli studi, at-

tuando alla lettera lo scopo di formazione continua che ispirava il progetto del fondatore. Le attività didattiche sono integrate da visite a mostre e musei, viaggi culturali, concerti e attività ludiche.
Accanto ai corsi più tradizionali, come quelli di letteratura e di medicina, o quelli più impegnativi, come la filosofia della religione e l'archeologia, gli allievi possono cimentarsi con la musica latino-americana o con le arditezze della musica co-'temporanea. Gli amanti del filone storico hanno l'imbarazzo della scelta: dalla storia dell'antico Egitto alla storia milanese. Se qualcuno ha lungamente conservato nel cassetto il sogno di calcare le scene, si può seguire il corso di dizione e di espressione corporea e cimentarvi nel saggio finale. Sono un'ottantina i corsi impartiti, dalle lingue all'informatica, dalla sessuologia alla scrittura creativa. Ma non vuol essere un grande contenitore di conferenze per l'intrattenimento o la divulgazione erudita. Si tratta di corsi finalizzati a suscitare il desiderio di riprendere o di completare conoscenze pregresse, fornendo gli strumenti critici per farlo, con la gioia dell'apprendere per il gusto di apprendere e per realizzare le proprie inclinazioni, proprio come si dovrebbe fare a scuola.

Fondazione Università della Terza età
Cardinal Giovanni Colombo
Piazza S. Marco 2 - 20121 Milano
Tel. 02-65.52.190
E-mail: ute.cardinalcolombo@tiscalinet.it
Sito internet: http://www.utecolombo.it/

Ute - Università della Terza età Milano Duomo

Ute è stata fondata dal Lions Club Milano Duomo Le Guglie nell'anno 1979/1980, con il patrocinio del Comune di Milano, come servizio a favore degli anziani, sul modello delle Università della Terza età già operanti in altri Paesi europei. Dal 1998 è stata trasformata in Fondazione.
L'Ute è socio fondatore della Federuni - Federazione tra le Università della Terza età italiane - ed è anche socio della Aiuta -

Association des Universités du 3ème Age - con sede in Francia.
Ogni anno l'Ute conta tra i 1.500 ed i 2.000 iscritti, dispone di circa 100 docenti, tutti volontari, che tengono lezioni per complessive circa 2.500 ore.
I corsi vanno da letteratura, filosofia, lingue straniere a laboratori di pittura, fotografia, cinema, informatica, cartonage. Un corso di canto corale, che prepara circa 80 elementi, si è esibito in diverse occasioni, mentre mostre periodiche sono organizzate dagli allievi del corso di disegno e pittura, mentre una mostra di fine anno presenta i lavori dei corsi manuali e di creatività.
La quota di iscrizione ai corsi è di 90 euro. Per alcuni corsi a numero chiuso la partecipazione è libera.

Ute - Università della Terza età Milano Duomo
Via Manin 2 - Milano
Tel. e fax 02-65.75.025 - Cell. 335-83.28.131
Orario Segreteria Palazzo Dugnani: ottobre-maggio,
da lunedì a venerdì, 15.00-17.00
E-mail: info@uteduomomilano.it

Lup - Libera università popolare

Dal 1996, anno della sua fondazione, la Lup - Libera università popolare aperta a tutti, giovani e non - svolge la propria attività di formazione permanente attraverso corsi e ricerche, facendo propri i valori alternativi di una cultura critica capace di fornire utili strumenti di comprensione di un mondo in profonda e complessa trasformazione.
I singoli corsi vanno da un minimo di tre-quattro lezioni, con cadenza settimanale, ad un massimo di otto-dieci. I singoli blocchi possono rientrare in cicli più lunghi. Negli anni la Lup è cresciuta svolgendo decine di corsi e si è organizzata in diversi Dipartimenti.

Lup - Libera università popolare
Via Guglielmo Pepe 14 - 20159 Milano

Tel. e fax 02-87.43.24 - Tel. 02-87.50.45

- *Altre università*

Fondazione Humaniter
via Daverio 7 - Milano
Tel. 02-55.19.29.66
Sito internet: www.umanitaria.it
I corsi diurni sono trecento, quelli serali cinquanta: da letteratura a informatica, da lingue a danza, da arte a teatro. Quota 150 euro (rinnovo 100 euro).

Fipec Lombardia
Centro territoriale permanente "Istruzione e lavoro"
Viale Liguria - 20089 Rozzano (MI) - Tel. 02-82.50.444
E-mail: info@ctpistruzione.com

Università della Terza età Unigold
Via Larga 11 - 20121 Milano - Tel. 02-58.37.12.38
I corsi sono 43, tra arti, creatività, lingue, informatica, danza e materie umanistiche. Tessera annuale 100 euro, supplementi per informatica e corsi pratici

- *Confederazioni nazionali Università per la Terza età*

Unitre
Associazione nazionale delle Università della Terza età
Via Corso Francia 5 - 10138 Torino
Tel. 011-43.37.594 - Fax 011-43.49.633
E-mail: unitre@unitre.net - Sito internet: http://www.unitre.net/

Auptel
Associazione delle univarsità popolari
della Terza età e dell'Età libera
Via Nizza 154 - Roma
Tel. 06-84.40.771 - Fax 06-88.41.749
L'Auptel riunisce tutte le università popolari e della terza età

dell'Auser.

Federuni

Federazione italiana tra le Università della Terza età

c/o Università degli adulti - Contrà delle Grazie 14 - 36100 Vicenza
Tel. 0444-32.12.91 - Fax 0444-32.49.96

Sorta nel 1982 a Torino, la Federuni raccoglie 250 Università in Italia, con oltre 60 mila corsisti e con l'apporto di 4.250 docenti. Le sedi federate sono presenti in ogni regione italiana.

Per l'elenco delle università milanesi e lombarde federate, www.federuni.it, cliccare su università federate.

Fipec

Federazione italiana per l'educazione continua

Via del Corso 101 - 00186 Roma - Tel. 06-69.20.43.20
E-mail: info@fipec.it - Sito internet: http://www.fipec.it/index.php

Cnupi

Confederazione nazionale delle università popolari italiane

Via Antonio Rosmini 38 - 00040 Monte Compatri (RM)
E-mail: info@cnupi.it - Sito internet: www.cnupi.it

Eredi delle più antiche università popolari, sui rivolgono a adulti in ambiti e settori specifici.

Per l'elenco vedi il sito.

Aidea

Associazione italiana educazione degli adulti

Via di Parione 7 - 50123 Firenze
Tel. 055-75.28.22 - 055-28.06.20 - Fax 055-23.82.098

CORSI E FORMAZIONE

Da un minimo di quaranta fino a oltre mille corsi, spaziando dalla pittura al computer, dalla sessuologia alla scrittura creativa, dalla ginnastica alla danza: sono le offerte di "università della terza età" e centri multicorso.

Ufficio Tempo libero del Comune di Milano Associazione L.E.S.

L'Ufficio Tempo libero dell'Associazione L.E.S. opera da tempo attivamente a Milano, impegnandosi nella promozione e realizzazione dei progetti culturali e ricreativi volti a migliorare la qualità della vita, abbinando competenza a costi accessibili. I corsi spaziano dal ballo alla psicologia, dalle lingue allo yoga, passando attraverso tutte le forme dell'espressione artistica e dell'uso consapevole delle proprie prerogative fisiologiche-corporee.

I corsi sono aperti a tutti e senza limiti di età: in breve tempo, è possibile apprendere, socializzare con altri e sviluppare la propria creatività. Le iscrizioni ai corsi si ricevono dal 1° settembre d'ogni anno, da lunedì al venerdì in piazza S.Agostino 1 presso la segreteria, con orario continuato dalle 10 alle 17.30, oppure direttamente *on line* 24 ore su 24; essendo limitate verranno accolte fino ad esaurimento dei posti disponibili, seguendo l'ordine progressivo di presentazione. I costi vanno dai 100 ai 150 euro, senza contare la tessera associativa di 15 euro.

Tutti i programmi e le sedi dei corsi, presso diversi istituti scolatici, si tovano sul sito.

Ufficio Tempo libero del Comune di Milano
Associazione L.E.S.
Piazza S. Agostino 1 - 20123 Milano
Tel. 02-83.57.375, da lunedì a venerdì dalle 10 alle 17.30
E-mail: info@ufficio-tempolibero.it
Siti internet: http://www.ufficio-tempolibero.it/
http://www.associazioneles.it

Corsi e scuole del Comune di Milano

Assessorato educazione e infanzia
Settore Servizi di Formazione - Uffici
Segreteria e Rapporti Istituzionali
Via Porpora 10 - 20131 Milano
Tel. 02-88.46.26.35 - Fax 02-88.46.27.05
Sito internet: http://www.comune.milano.it/educazione/index.html
Tutte le altre offerte di civici corsi, dalla cucina alle lingue straniere.

Milano Sport

(vedi anche Tempo libero e Sport)
Piazza Diaz 1/a - 20121 Milano
Tel. 02-80.14.66
Sito internet: www.milanosport.it
Attività sportive nei moltissimi impianti in città, tra cui i corsi di "Ginnastica senza età", per gli anziani (145 euro annuali). Gli opuscoli con tutte le informazioni si trovano presso la sede centrale o gli impianti.

Circolo filologico milanese

Il Circolo filologico milanese è un'associazione senza scopo di lucro che ha il fine di "promuovere e diffondere la cultura, la formazione professionale in generale e particolarmente lo studio delle lingue e delle civiltà straniere". Organizza - non a prezzi popolarissimi - corsi di lingue, musica, archeologia, egittologia, pittura, cultura milanese, fotografia e video, storia dell'arte, cultura orientale, *sodalitas latina mediolanensis,* scacchi, grafologia, letteratura e poesia, informatica, spettacolo, modellistica, geroglifico. Una biblioteca con più di 100.000 volumi e una sala lettura con 50 testate tra quotidiani e periodici italiani e stranieri completano l'offerta.

Circolo filologico milanese
Via Clerici 10 - 20121 Milano
Tel. 02-86.46.26.89 - Fax 02-86.46.27.04
E-mail: circolo@filologico.it
Sito internet: http://www.filologico.it

- *Altri corsi*

Accademia del tempo libero
Via Vitruvio 41 - Tel. 02-66.98.70.91
Circa 80 corsi di cultura, hobby, lingue, arte e informatica, costi da 130 a 210 euro, tessera 17 euro.

Braxon - Accademia anni verdi
Viale Corsica 68
Tel. 02-76.11.31.83 (pomeriggio)
Un centinaio di corsi: pittura, lingue, informatica, letteratura, arte e storia di Milano.
Quota annuale 90 euro, supplemento per il corso di informatica.

Associazione Colore
Via Moncucco, 29 - 20142 Milano
Tel. 02-89.53.99.54 - Fax 02-89.54.97.07
E-mail: moncucco29@zonacolore.org
Sito internet: www.zonacolore.org/index.php
L'associazione propone attività per il tempo libero rivolte a bambini, ragazzi, adulti e anziani.

Una generica ricerca dei corsi si può effettuare anche dal sito curato dall'Associazione cultura e tempo libero. I corsi sono divisi per aree tematiche ed è possibile collegarsi ai link degli enti che li organizzano:
www.actl.it/corsi_organizzatori.htlm

OCCASIONI DI CULTURA

L'offerta culturale della città è molto amplia ma non sempre calibrata sugli anziani. Cinema e teatri applicano spesso riduzioni sui biglietti, specie per gli spettacoli del pomeriggio, ma sono scelte dei singoli gestori e dalle singole sale.

Cinema

La maggior parte delle sale cinematografiche lombarde applicano una riduzione del 40-50% sul prezzo del biglietto per gli anziani (over 60) dal lunedì al venerdì pomeriggio. Alcune sale estendono la riduzione anche al sabato pomeriggio.

È sempre consigliabile, dove non si abbia consuetudine alla sala, per evitare spiacevoli perdite di tempo, verificare le modalità di sconto con una telefonata preventiva alla sala interessata. Particolarmente interessante l'offerta dei vari cineforum, la cui stagione inizia da ottobre-novembre e che propone a prezzi bassi il meglio dei film della stagione precedente.

Teatro

Tutte o quasi le sale hanno abbonamenti e condizioni particolari per anziani e giovani.

Per avere i siti e le informazioni necessarie http://www.lombardiaspettacolo.com/teatri_milano.htm.

Per trovare i teatri usate la mappa di Google http://maps.google.it/maps?f=l&hl=it&q=teatri&near=milano

Associazione Les
Piazza S.Agostino 1 - 20123 Milano
Tel. 02-83.57.375
Sito internet: www.associazioneles.it (iscrizioni on-line)
L'associazione Les promuove con il patrocinio del Comune di Milano "Corsi per il tempo libero". Voce e dizione, recitazione i corsi previsti.
140 euro, oltre ai 15 euro di tessera associativa.

Biblioteca e lettura

La biblioteca pubblica sarebbe luogo d'elezione per il *longlife learning* (apprendimento permanente) dell'anziano, ossia per tutto quanto appartiene alla sfera della conoscenza tradizionalmente intesa, ma anche allo svago e all'impiego del tempo, nonché ai bisogni infomativi che ricoprono l'intera sfera personale, familiare e sociale. Purtroppo l'impatto della biblioteca pubblica sui cittadini anziani sembra ancora molto debole, e le statistiche non confortano: gli utenti over 55 rappresentano solo una piccola percentuale dei frequentatori (in media intorno ai 9-10%).

Info sulle biblioteche milanesi:
http://www.comune.milano.it/biblioteche/index.html.
Info su biblioteche lombarde:
http://www.biblioteche.regione.lombardia.it

Teatro alla Scala
Servizio promozione culturale per la Terza età

Il Teatro alla Scala persegue una politica socio-culturale volta ad avvicinare nuovo pubblico al teatro musicale. Opere e balletti, concerti sinfonici, conferenze e presentazioni: l'intera attività scaligera è aperta a tutte le realtà istituzionali interessate. Il Servizio si rivolge a tutti gli anziani organizzati nei gruppi comunali e nelle Università della Terza età. Oltre agli spettacoli presenti in cartellone, il Teatro alla Scala organizza un'iniziativa denominata "Invito alla Scala": gli anziani della città di Milano, in particolare, possono usufruire delle condizioni agevolate aderendo ai Centri socio-ricreativi e culturali per anziani e ai Centri territoriali sociali del Comune di Milano.

Teatro alla Scala
Servizio promozione culturale per la Terza età
Galleria Vittorio Emanuele 11/12 - terzo piano
Apertura al pubblico dal lunedì al venerdì
dalle 12 alle 13 e dalle 15 alle 18
Tel. Gruppi anziani 02-85.96.07.25 - Fax 02-85.96.07.30 /31

VIAGGI E TURISMO SOCIALE

L'espressione "turismo sociale" si riferisce a un turismo accessibile a una fascia di popolazione più amplia possibile che comprende disabili, anziani, famiglie e categorie deboli, e si connota tendenzialmente come rispettoso dell'ambiente, delle culture e dell'essere umano.
Le cifre parlano di un "mercato" potenziale di oltre tre milioni di turisti italiani (il 10% del totale dei turisti di casa nostra), senza contare gli stranieri. Gli ultrasessantenni del resto amano sempre di più viaggiare e negli ultimi trent'anni hanno infatti significativamente contribuito alla crescita del turismo italiano, sia sul suolo nazionale che all'estero. Gli over 65 sono il 25% della clientela nei tour culturali e archeologici e rappresentano circa il 70% nei soggiorni termali e terapeutici.
L'offerta e varia e trasversale. Enti associativi, tour operator, cooperative sociali, grandi aziende (come Coop Lombardia) propongono viaggi e iniziative, oltre ai soggiorni che i singoli Comuni mettono a disposizione dei loro nonni.

Soggiorni di sollievo del Comune di Milano

Il Comune di Milano organizza a favore dei cittadini anziani autosufficienti, soggiorni di sollievo di due settimane in località climatiche e termali, con assistenza medico infermieristica e iniziative ricreative e culturali. Il servizio è aperto ai residenti che abbiano compiuto 60 anni. Chi percepisce un reddito fino a 854,02 euro mensili lordi, può ottenere un contributo (buono sociale) dal Comune di Milano, fino ad esaurimento dei posti disponibili. Gli altri possono fruire del servizio convenzionato con il Comune di Milano a condizioni comunque agevolate, ponendo a loro carico il costo totale dello stesso. Le vacanze, che si articolano in turni di 14 giorni con trattamento di pensione completa, bevande incluse e viaggio a/r, saranno effettuate in localita di mare, lago e collina, dalla riviera ligure a quella romagnola. Le domande si possono inoltrare anche ai Cma di zona, Centri multiservizi anziani.

Soggiorni di sollievo del Comune di Milano
Settore Anziani e Strutture Residenziali
Ufficio Turismo Sociale
Largo Treves 1 - piano terra
Tel. 02-88.46.31.21/125/130/183.

Fitus - Federazione italiana turismo sociale

La Federazione italiana di turismo sociale (Fitus) è un'associazione nazionale di promozione sociale, fondata nel 1993, che raggruppa le più importanti associazioni italiane che svolgono attività nell'ambito del turismo sociale: Acsi, Aics, Aig, Ancst, Cta, Ctg, Cts, Etsi-Cisl, Fitel, FederCultura Turismo Sport/Confcooperative, Tci. La Fitus. rappresenta i propri associati a livello nazionale e internazionale, in quanto anche membro del Bits-Bureau international du tourisme social, www.bits-int.org.

Fitus - Federazione italiana turismo sociale
Via Tagliamento 9 - 00198 Roma
Tel. 06-85.35.06.21 - Fax 06-84.24.04.13
E-mail: fitus.it@virgilio.it

Auser Turismo Lombardia

Sulle spiagge assolate del Mediterraneo, in crociera lungo i fiumi dell'Europa, in passeggiata nei boschi delle Dolomiti. Visitando grandi metropoli o sperduti siti archeologici, l'importante è che sia all'insegna dello stare in compagnia, del divertirsi e del conoscere. Gli ultrasessant'enni amano sempre di più viaggiare, negli ultimi trent'anni hanno infatti significativamente contribuito alla crescita del turismo italiano, sia sul suolo nazionale che all'estero.
Gli anziani oggi rivendicano un'offerta turistica di qualità e l'Auser vuole assegnare loro un ruolo attivo nell'organizzazione e nell'offerta di un nuovo "turismo sociale", promuovendo per i proprio iscritti, iniziative di qualità, in sicurezza, a prezzi accessibili per tutte le tasche e in buona compagnia. Un'ottima occasione per tenere lontana la solitudine.

L'Auser è impegnata a promuovere fra i propri soci anche il "turismo d'accoglienza" inteso come attività che viene svolta dalle realtà locali dell'associazione per accogliere nel migliore dei modi i turisti Auser che vogliono visitare quel territorio mettendo a disposizione materiale informativo, indicazione di percorsi, visite guidate, ecc... Viaggiare, divertirsi, conoscere, con un occhio attento a chi è meno fortunato. Questa è invece la formula del "turismo solidale", promossa dall'Auser per i propri soci: coniugare la visita ad alcuni progetti di solidarietà internazionale già esistenti con la più tradizionale visita ai Paesi in cui questi progetti sono operativi. Una quota del prezzo totale viene direttamente versata agli operatori del progetto.

Auser Turismo Lombardia
c/o Auser Varese
P.zza De Salvo, 9 - 21100 Varese
Tel. 0332-26.05.24 - E-mail: scillamar@libero.it
Responsabile Anna M. Tagliaretti

Arciturismo sociale

Arciturismo, per meglio soddisfare le esigenze dei propri soci si è diviso in 4 settori di accoglienza sul territorio dove i nostri 28 sportelli propongono soggiorni su tutto il territorio italiano (Liguria, Piemonte, Lombardia, Veneto, Friuli Venezia Giulia, Emilia Romagna, Toscana, Marche, Lazio, Abruzzo, Molise, Campania, Calabria, Puglia e Sicilia) con alti contenuti qualitativi e bassi costi, e, in più, il valore aggiunto dei contenuti Arci. Turismo Sociale il settore dei viaggi di gruppo e non, in Italia e all'estero, su proposte autoprodotte e su cataloghi di altri tour operator ma sempre con prezzi contenuti.
E poi proposte di turismo solidale e responsabile in Italia (solo in Sicilia per ora) e all'estero (Marocco, Brasile, India e molti altri in arrivo) in appoggio a programmi di sviluppo, per conoscere, per capire, per far sì che un altro mondo sia possibile e sempre a buon prezzo. Tutti i servizi di Arciturismo sono esclusivamente riservati ai soci Arci.

Arciturismo sociale
Via Adige 11 - 20135 Milano - Tel. 02-54.17.81
E-mail: milano@arciturismo.org
Responsabile Piero Manera

Acli-Cta - Sede provinciale

Il Centro turistico Acli (Cta) è il servizio creato dal movimento per dare risposta alle esigenze di autorganizzazione del tempo libero espresse dagli associati. Il Cta opera per la promozione e il miglioramento del settore, secondo criteri che favoriscano la pratica turistica di gruppo, il turismo delle famiglie e quello rivolto ai giovani e alla terza età, dai pellegrinaggi alla Festa della neve.

Acli-Cta - Sede provinciale
Via della Signora 3 - 20121 Milano
Tel. 02-77.23.208 - 02-77.62.294 - Fax 02-77.62.292
Siti internet: http://www.acli.it/cta.htm
http://www.ctaonline.it/listanews.asp

Coop Lombardia

Soggiorno assistito: il servizio offerto da Coop Lombardia e attivo tutto l'anno, consente ai soci di prenotare un periodo di vacanza in strutture "protette" e affidabili per anziani, disabili e persone parzialmente autosufficienti, a tariffe convenzionate, con servizi di assistenza tutelare, infermieristici e riabilitativi.

Coop Lombardia
Numero verde 820.990.000

IL TEMPO LIBERO: SOCIALITÀ, BALLO E SPORT

Si balla da sempre, d'estate e d'inverno. Si balla soprattutto di pomeriggio nei centri del Comune di Milano, più o meno dalle 14.30/15 alle 17.30/18. Liscio ma non solo, anche moderno come *boogie* e *rock and roll*. Dove si può si gioca a bocce e naturalmente a carte. Negli locali privati, non meno frequentati, si pagano 6 o 7 euro con la consumazione nei giorni feriali, 10 o qualcosa di più sabato pomeriggio. Le serate speciali sono - dove le organizzano - venerdì e sabato.

CENTRI SOCIO-RICREATIVI E CULTURALI

I Centri socio-ricreativi e culturali del Comune di Milano organizzano attività nelle ore pomeridiane. Sono presenti in tutti i quartieri e, per frequentarli, è necessario aver compiuto 55 anni e possedere la tessera annuale che costa 5,50 euro. La sede centrale è in Largo Treves 1, tel 02-88.46.31.30. Citiamo alcuni tra i più attivi e frequentati. L'elenco completo è nel Capitolo "Servizi pubblici e privati"

Polo Ferrara

Il Polo Ferrara è del Comune di Milano, ma è gestito dalla Cooperativa Cesed e dall'associazione La Traccia. Anziani, adulti, ragazzi e bambini possono frequentare un corso, giocare a bocce, ascoltare buona musica. Le attività sono innumerevoli: a settembre partono i corsi di ginnastica dolce e di danza, dalla caraibica al liscio, dai balli di gruppo al flamenco.

Polo Ferrara
Piazza Ferrara angolo via Mincio - 20139 Milano
Tel. 02-56.93.269 - E-mail: poloferrara@cesed.com

- *Altri centri*

Centro socio ricreativo e culturale "La porta del cuore"
Via Appennini 147/a - 20151 Milano - Tel. 02-35.39.531

Centro socio ricreativo e culturale "Ercole Ratti"
Via Cenisio 4 - Milano - Tel. 02-31.01.098

Centro socio ricreativo e culturale "Acquabella"
Via Don Carlo San Martino - 20133 Milano - Tel. 02-73.80.735

Centro di aggregazione multifunzionale Garibaldi
Via degli Angioli 2, ang. C.so Garibaldi 27 - Milano
Tel. 02-88.45.53.23

LOCALI DA BALLO

Madison Music hall
Via G. da Udine 28 - 20156 Milano - Tel. 02-30.86.076
Il locale Madison Music Hall è provvisto di due sale, di cui una per il liscio, e ha una capienza di 650 posti più il palco orchestra.

Arizona 2000
Via N. Battaglia 14 - Milano - Tel. 02-26.14.42.65 - 338-41.26.927
Ballo liscio, anni 60-70, balli di gruppo, ritmi tropicali. Il locale è anche disponibile per l'organizzazione di feste private e aziendali.

Empire Top Club
Via Filarete 5 - S.Lorenzo di Parabiago (MI) - Tel. 0331-49.40.11

Apollo Dance
Via Procaccini 17 - Milano - Tel. 02-31.29.22

Luna Rossa
Via Risorgimento 27 - S.Giuliano Milanese (MI) - Tel. 02- 98.24.18.77

Milano In
Via dei Missaglia - Tel. 347-73.85.428

Mediterranee Multidancing
Via Edison 7 - Legnano (MI) - Tel. 0331-59.42.20

Cts Parea e Mondolfo
Via Parea 26 - Tel. 02-50.63.232
Attività ludico-aggregativa-ricreativa per tutte le fasce di età.

GIROTONDO

Un film di Matteo Pellegrini, realizzato in collaborazione con i Cts del Comune di Milano (CtsVerro, Cts Cassina Anna, Polo Ferrara, Centro socioculturale Mozart, Istituto dei ciechi di Milano). 1997, 14 minuti.

Gli anziani ballano il liscio nei circoli e nelle balere di Milano. Ballano da una vita e ognuno di loro ha una sua storia, un episodio, un periodo magico da raccontare. L'autore, attraverso una serie di divertenti interviste, ricostruisce questo mondo brioso e pieno di risorse che, troppo spesso, viene dimenticato. Lasciato morire. Il lavoro è un bellissimo pretesto per raccontare frammenti di vita vissuta che, forse, se non ci fosse stato qualcuno ad ascoltarli, sarebbero stati dimenticati anche dagli stessi protagonisti.

I CIRCOLI ARCI

Arci è la più grande associazione italiana ed Europea nel campo della promozione sociale: a livello nazionale raccoglie circa 1.100.000 soci e 5.500 circoli affiliati. La Lombardia rappresenta il 10% della realtà nazionale con 116mila soci e 551 circoli. Arci Milano rappresenta il nodo del sistema Arci nel territorio della città e della provincia di Milano. I circoli affiliati rappresentano l'espressione più genuina dell'associazionismo di quartiere: una rete di luoghi ed esperienze promosse dai soci al fine di sostenere e accompagnare i cittadini e le comunità nell'esprimere bisogni, individuare risposte, interpretare e trasformare in attività interessi sociali, culturali e politici, bisogni di aggregazione, formazione, divertimento. E ballare, ballare, ballare. Solo la provincia di Milano conta 53.249 soci e 166 tra associazioni e circoli affiliati (di cui 73 a Milano e 93 in provincia) distribuiti tra luoghi di aggregazione, promozione culturale e politico sociale, nonché servizi di formazione. Qui riportiamo i circoli più attivi sul fronte anziani. Sul sito la mappa completa dei siti di Milano divisi per zona.

Arci Milano
Via Adige 11 - Tel. 02-54.17.82.20
E-mail: milano@arci.it - Sito internet: www.arcimilano.it

Curiel
Via Paruta 32 (Zona 1) - Tel. 02-25.90.136
Nella zona di viale Padova, il classico circolo di quartiere, frequentato prevalentemente da anziani. Il gioco delle carte e i vari tornei si alternano durante tutte le stagioni. Organizza saltuariamente cene sociali, feste in occasioni particolari e gite all'insegna del buon cibo e dell'aggregazione. Hanno adottato a distanza bambini etiopi.

Il quartiere c/o Martiri di Turro
Via Rovetta 14 (Zona 2)
E-mail: infotiscali@arciquartiere.org - Sito: www.arciquartiere.org
Circolo di aggregazione eclettico per giovani, ragazzi e anziani.

Si passa dell'escursionismo e dallo sci di fondo ai corsi di chitarra (da ottobre a maggio), violino, pianoforte, flauto, batteria, sassofono, clarinetto, tromba, percussioni etniche, canto jazz, ballo liscio e alla cultura "alta", dalla storia alla meccanica quantistica.

Martesana
Via Tofane 19 (Zona 2) - Tel. 02-26.14.59.84
Circolo polifunzionale di aggregazione e attività per anziani.
Serate danzanti e tornei di bocce.

Fiocchi
V.le Lombardia 65 (Zona 3) - Tel. 02-28.93.471
Circolo di aggregazione dove gli anziani fanno pariglia con i motociclisti. Oltre alla musica e al ballo, progetti e feste di solidarietà e cooperazione.

Milan Noeuva
Via Giovanni Pascoli 4 (Zona 3) - Tel. 02-20.49.264
Circolo dedicato agli anziani con iniziative musicali, artistiche, feste, gite.

Cinque Giornate
Via Mecenate 25 (Zona 4) - Tel. 02-73.80.24.08
E-mail: fabrizio_draghi@fastwebnet.it
Circolo storico fondato nel 1979, da sempre un punto di riferimento per gli anziani del quartiere, nell'ultimo periodo ha iniziato un percorso per rilanciare attività e iniziative con un'attenzione particolare al ricambio generazionale. Organizza momenti di aggregazione e cene sociali, attività di viaggi e turismo, corsi, uno sportello legale e dà spazio alle mamme del quartiere per organizzare feste per i bambini.

Corvetto
Via Oglio 23 (Zona 4) - Tel. 02-53.33.84 - 02-56.94.840
Se vivi a Milano e non conosci il Circolo Corvetto - dicono loro - "chi te set?"*... Uno dei luoghi della milanesità, aperto al territorio e alle contaminazioni, inserito nel quartiere e finalmente riconosciuto dalle istituzioni, più di mille i soci che animano questo luogo dove si può mangiare e bere a prezzi popolari, dove i meno giovani giocano a*

carte e i giovani a calcetto, d'estate nel giardino ci si incontra e si balla, un salone sempre pieno di iniziative e di corsi aperti a tutte le generazioni: fisarmonica, arpa e bello liscio, latino, sudamericano, boogie woogie. *Organizza in collaborazione con Arciturismo viaggi e soggiorni in Italia e all'estero.*

Donatori sangue San Martino

Via Rogoredo 119 (Zona 4) - Tel. 02-30.83.003
Sito internet: www.dionisicompagniateatrale.it
Circolo di aggregazione e compagnia teatrale, con attività per anziani

Mondini Francesco

Via Rogoredo 41 (Zona 4) - Tel. 02-51.13.68
E-mail: daniele.checchi@tiscali.it
Circolo attivo, dal ballo per anziani ai corsi di italiano per stranieri, corsi d'informatica, gite, letture. E corso di giocoleria per bambini.

Ricotti

Via Ugo Tommei 3/4 (Zona 4) - Tel. 02-55.13.052
Circolo di aggregazione per anziani e per comunità, corsi di avvicinamento al teatro, scuola di recitazione.

Bellezza

Via Bellezza 16/a (Zona 5) - Tel. 02-58.31.94.92
E-mail: bellezzafolk@libero.it oppure patti@arci.it
Sito internet: www.bellezzafolk.it
Circolo storico, nato nella sede della Società di mutuo soccorso, poi Casa del popolo e oggi circolo polifunzionale. L'elenco è infinito: corsi, aggregazione, ballo, danze bretoni, liscio, tango, sudamericana, balli delle quattro province, bourreé del berry, *danze irlandesi (alla fine dei corsi, il mercoledì musica dal vivo), ginnastica dolce. Mille e più attività per questo centro di incontro che da* enclave *emiliana nella Milano della prima emigrazione si è trasformata in un circolo di incontro tra differenti culture, generazioni e popoli e che mantiene come importante tradizione la possibilità di trovarsi con gli amici per mangiare e bere senza dover impegnare mezzo stipendio o la paga settimanale di giovani e studenti. Ottimo il ristorante la sera. Sportello migranti di Filef.*

Club Ronchettino
Via Lelio Basso 9 (Zona 5)
Luogo di incontro per i pensionati del quartiere, si può passare la giornata, chiacchierando e giocando a carte.

La Darsena
Via C. Baroni 75 (Zona 5) - Tel. 02-82.66.233
E-mail: cladarsena@libero.it
Circolo di aggregazione prevalentemente frequentato da anziani.

Pessina
Via San Bernardo 17 (Zona 5) - Tel. 02-53.98.546
E-mail: amaresco@libero.it
Circolo polifunzionale di aggregazione per il territorio e per anziani. Ballo, boogie woogie, *corsi di liscio, sudamericano e di ginnastica. Si segue lo sport in tv e si organizzano tornei di carte e calcio balilla.*

Anziani era ora
Via W.Tobagi 4 (Zona 6) - Tel. 02-81.36.024
Circolo di aggregazione ricco di iniziative, luogo vivace dove in primavera ed estate si può ballare il liscio sotto il tendone. Gli abitanti del quartiere tengono pulito il giardino dove mamme e bambini possono trascorrere tranquilli i loro pomeriggi, organizzano gite e - com'è scontato - grandi tornei di carte.

Club Dance Desiree Milano
Via Watt 5 (Zona 6) - Tel. 02-64.24.762 - E-mail: bru.baldini@libero.it
Alla Barona, nella zona sud di Milano un luogo dedito alla danza in tutte le sue forme: il club da sempre organizza corsi di danza classica, liscio, latino americana, salsa e merengue. Al centro dell'attività dell'associazione è il ballo sociale, tutti i sabati e le domeniche, con serate danzanti anche durante la settimana.

Guidetti
Via Lorenteggio 183 (Zona 6)
Circolo di aggregazione prevalentemente per anziani, con feste, corsi di musica iniziative di solidarietà.

Fratelli Cervi
Via Lamennais 7 (Zona 7) - Tel. 02-45.24.696
E-mail: nives.bezzo@libero.it
Circolo di aggregazione per anziani con corsi e attività musicali, artistiche e di solidarietà.

Olmi
Via degli Ulivi 2 (Zona 7) - Tel. 02-48.91.11.44
E-mail: roveriluciano@libero.it
Circolo polifunzionale di aggregazione per anziani, che organizza corsi, serate danzanti. Dotato di due campi di bocce, calcetto, tennis.

Ugo Brenna
Via F.lli Zoia 89 (Zona 7) - Tel. 02-48.20.11.07
E-mail: info@arcibrenna.it - Sito internet: www.arcibrenna.it
Circolo polifunzionale di aggregazione per giovani e anziani. Si balla, tra gite sociali, corsi di pianoforte e chitarra classica, scuole di liscio, rock, sudamericano, coro gospel e corsi di teatro.

Gallaratese G1
Via Ugo Betti 161/e (Zona 8) - Tel. 02-38.00.07.18
Attività di aggregazione prevalentemente per anziani.

Itaca
Via Capuana 7 (Zona 8) - Tel. 02-39.00.22.52
Musica e cene danzanti in collaborazione con Auser e Anpi. Organizzano feste per il quartiere e una grande festa di carnevale.

L'impegno
Via Bodoni 3 (Zona 8) - Tel. 02-39.21.53.25
E-mail: derughis@yahoo.it
Le attività per anziani e non vanno dalla teoria del solfeggio alla danza afro e folk, al taglio e cucito.

Grossoni
Via Assietta 32 (Zona 9) - Tel. 02-64.80.983 - E-mail: prhyno@tin.it
Serate danzanti a questo circolo polifunzionale di aggregazione per

anziani. La musica dal vivo anni 60 si alterna al liscio e ai corsi di ballo latino-sudamericano.

CORSI DI BALLO

Associazione Les

Piazza S.Agostino 1 - 20123 Milano - Tel. 02-83.57.375
Sito internet: www.associazioneles.it (iscrizioni on-line)
L'associazione Les promuove con il patrocinio del Comune di Milano "Corsi per il tempo libero". Per apprendere i primi passi, una ventina di ore dei corsi principali: ballo da sala, danze caraibiche, latine e Sud americane, flamenco, funky hip hop, *tango argentino e altri ancora. Prezzi da 110 a 140 euro, oltre ai 15 euro di tessera associativa.*

RADIO MENEGHINA

Via Biancardi 6 - 20149 Milano, 91,950
Per comunicare con dj e conduttori
Tel. 02-48.51.42.22 - 02-48.02.88.29
Per richieste e informazioni sulle iniziative della radio
Tel. 02-48.51.89.13 - Fax 02-49.92.03.55

Emittente di servizio, propone informazione, cultura, prosa e poesia, teatro e musica in ogni loro accezione; trasmissioni dedicate a casa, medicina, veterinaria, erboristeria; e poi per non vedenti, artigiani, commercianti, bambini e per tutti gli amanti di Milano e del milanese. Radio Meneghina organizza inoltre concorsi letterari, festival di canzoni dialettali e di cabaret, feste, produce spettacoli, cd, cassette e libri, promuove viaggi e vacanze. Milanocanta è l'unico grande festival della canzone dialettale milanese - organizzato dall'emittente stessa - che nel corso dell'anno coinvolge decine di autori, cantautori e cantanti, professionisti e amatori, nel rinnovare una produzione di canzoni dialettali che per dimensioni e continuità ha pochi eguali.

SPORT

I nonni italiani non amano lo sport. Lo rivela una recente ricerca GfK-Eurisko, secondo cui appena il 13% degli over 64 si dedica, tra ginnastica in casa, palestra o footing, a un po' di movimento. Eppure non è necessario essere atleti per fare il giusto: bastano 30 minuti al dì di attività moderata, che equivalgono a un consumo di circa 150 Kcal al giorno. I più comuni lavori domestici sono un'ottima occasione per bruciare energie, ma possono aiutare anche diecimila passi al giorno (ovvero camminare di buona lena per mezz'ora), la ginnastica dolce e il ballo. I corsi e gli impianti non mancano. Tra gli sport propriamente detti, il preferito sono... le bocce, dove lo sforzo fisico non abbonda ma la concentrazione è notevole. La bici non ha età e sono numerose le associazioni ciclistiche che propongono itinerari adatti a tutti. Tutte le occasioni, i luoghi, i corsi.

MilanoSport Spa

Costituita nel 1964 come Centro Milanese per lo Sport e la Ricreazione, Milanosport è oggi la più importante società milanese che gestisce gli impianti "ex comunali" e organizza corsi sportivi e per il tempo libero. 33 sedi in ogni parte della città. 28 palestre, 19 piscine, 10 campi di calcio, 7 campi di calcio a 5, 11 centri tennis, 6 piste di atletica, 1 pista di pattinaggio a rotelle, 3 campi da rugby, 1 campo da baseball, 1 velodromo. Potrai frequentare tutte queste strutture nelle ore libere oppure potrai iscriverti ad uno degli innumerevoli corsi specializzati organizzati da MilanoSport. Ma soprattutto i corsi "senza età", rivolti agli over 55. Ecco quelli disponibili:

- Acquafitness senza età
- Acquagym senza età
- Armonia del movimento (over 55)
- Ginnastica per la mente (over 55)
- Ginnastica senza età (over 55)
- Nuoto senza età
- Soft and Slow (over 55)
- Vacanze in movimento

All'indirizzo internet: http://www.milanosport.it/milanosport/milanosport.nsf/intro?openframeset tutte le informazioni, corso per corso, su iscrizioni e sedi.

MilanoSport S.p.A.
Piazza Diaz, 1/A - 20123 - Milano
Tel. 02-80.14.66 - Fax 02-80.14.60
Per informazioni sui corsi, e-mail: infocorsi@milanosport.it

Gli indirizzi degli impianti sportivi

Centro Sportivo Cambini Fossati Via Cambini 4 - 20132 Milano
Centro Sportivo Cappelli Sforza Lampugnano 80 - 20151 Milano
Centro Sportivo Carraro Via dei Missaglia 146 - 20142 Milano
Centro Sportivo Colombo Via del Cardellino 15 - 20147 Milano
Centro Sportivo Crespi Via Valvassori Peroni 48 - 20133 Milano
Centro Sportivo Giuriati Via Ponzio 34/ 6 - 20133 Milano
Centro Sportivo Iseo Piscina Via Iseo 10 - Palazzetto: Via Iseo 6 - Milano
Centro Sportivo Lido P.le Lotto 15 - 20148 Milano
Centro Sportivo Murat Via Dino Villani 2 - 20159 Milano
Centro Sportivo Pavesi Via De Lemene 3 - 20151 Milano
Centro Sportivo Pozzo Via Ornato 90/10 - 20162 Milano
Centro Sportivo Procida Via G. da Procida 20 - 20149 Milano
Centro Sportivo Saini Via Corelli 136 - 20134 Milano
Centro Sportivo XXV Aprile Via Cimabue 24 - 20148 Milano
Palalido P.za Stuparich 1 - 20148 Milano
Palestra Mascagni Via Pietro Mascagni 6 - 20122 Milano
Piscina Argelati Via Segantini 6 - 20143 Milano
Piscina Arioli Venegoni Via Venegoni 9 - 20153 Milano
Piscina Bacone Via Piccinni 8 - 20131 Milano
Piscina Caimi Via C. Botta 18 - 20135 Milano
Piscina Cantù Via Graf 8 - 20157 Milano
Piscina Cardellino Via del Cardellino 3 - 20147 Milano
Piscina Cozzi V.le Tunisia 35 - 20124 Milano
Piscina De Marchi Via De Marchi 17 - 20125 Milano
Piscina Mincio Via Mincio 13 - 20139 Milano
Piscina Quarto Cagnino Via Lamennais 20 - 20153 Milano
Piscina Romano Via Ampere 20 - 20131 Milano

Piscina Sant'Abbondio Via Sant'Abbondio 12 - 20142 Milano
Piscina Scarioni Via Valfurva 9 - 20162 Milano
Piscina Solari Via Montevideo 20 - Milano
Piscina Suzzani Via Beccali 7 - 20162 Milano
Tennis Washington Via Caboto 6 - 20146 Milano
Velodromo Maspes - Vigorelli Via Arona 19 - 20149 Milano

Uisp Milano

L'Uisp, Unione italiana sport per tutti, è un'associazione al cui interno convivono anime, storie, esperienze diverse, con un unico obiettivo: estendere il diritto allo sport a tutti i cittadini. Il progetto Ginnastica a cielo aperto, rivolto ai cittadini appartenenti alla terza età, prevede la realizzazione di un corso di attività motoria presso il Parco Sempione di Milano, nei mesi estivi. Ginnastica a cielo aperto prevede attività a misura di anziano, poiché è questa la categoria che più ha bisogno di criteri e prudenza nel muoversi... Il programma sportivo, che ha turni della durata di un'ora circa ed è concepito perché tutti siano in grado di parteciparvi, tocca molteplici aspetti della motricità fondamentali per l'anziano quali, la coordinazione, l'educazione postulare, il movimento aerobico, la tonificazione muscolare, la ritmicità, senza dimenticare esercizi che promuovono la socializzazione e la comunicazione nel gruppo. Gli istruttori coinvolti sono di provenienza universitaria (Isef) e hanno maturato un'esperienza specifica con gli anziani.

Uisp Milano
Via Adige 11 - 20135 Milano
Tel. 02-55.01.79.90/77.55 - Fax 02-55.18.11.26
E-mail: milano@uisp.it - info@uispmilano.it

Fiab Ciclobby onlus

Dal 1986 Fiab Ciclobby si batte perché anche a Milano sia restituito a ciascuno il diritto di scegliere una mobilità sostenibile e sicura. L'associazione, nel corso degli anni, è divenuta un importante punto di riferimento in materia di mobilità sostenibile, ciclistica in particolare, oltre che una democratica rappresentanza dell'utenza ciclistica. Ciclobby promuove a ogni livello la pratica del cicloescursionismo, salutare, rispettoso dell'ambiente e adatto a tutti, anziani compresi.

Fiab Ciclobby onlus
Via Borsieri 4/E - 20159 Milano - Tel. e fax 02-69.31.16.24

Gruppo anziani Cai

Da oltre un decennio il Gruppo anziani propone un ricco programma di uscite espressamente organizzate per quanti - sia per l'età, sia per l'attività lavorativa - possono gustarsi la ritrovata quiete della montagna nelle giornate infrasettimanali. Escursionismo, alpinismo, sci ma anche cultura si susseguono durante tutto l'arco dell'anno attraverso uscite giornaliere, trekking, settimane bianche e verdi. Un modo per godere ancora di una sana attività in montagna, con il passo giusto.
Il Gruppo anziani del Cai Milano si ritrova presso la sede sociale del Sodalizio ogni martedì pomeriggio non festivo dalle ore 15 alle ore 17. Tutti i giovedì pomeriggio alle ore 15 si ritrova la sezione seniores del coro Cai anziani.

Gruppo anziani Cai
Sezione di Milano del Club Alpino Italiano
Galleria Vittorio Emanuele II, ingresso da Via Silvio Pellico 6
Tel. 02-86.46.35.16 - 02-80.56.971
Presidenza e direzione: tel. 02-36.51.57.01
Associazioni e attività: tel. 02-36.51.57.02

Idropark

L'utenza non più giovanissima apprezza la tranquillità e la bellezza del parco dell'Idropark, già Idroscalo, che offre spesso, soprattutto durante il periodo estivo, momenti di animazione. Fra le iniziative permanenti, agli anziani sono dedicati gli orti, i 22 piccoli appezzamenti assegnati gratuitamente ai Comuni di Segrate e di Peschiera Borromeo e da questi affidati ai propri anziani. Sempre per gli anziani è prevista l'attivazione di uno specifico servizio di accoglienza, ristorazione e animazione con spettacoli di intrattenimento, attività sportive e di ginnastica soft.

Idropark
tel 02-70.20.09.02 - 02-70.20.83.88.
E-mail: infoidropark@provincia.milano.it

- *Bocciodromi a Milano*

Federazione Italiana Bocce
Comitato Regionale Lombardia
Via Plinio 52 - 20129 Milano - Tel. 02-29.51.65.25 - 02-20.47.117
E-mail: info@fiblombardia.it
Sito internet: http://www.fiblombardia.it/FndSoc.jsp
Sul sito si trovano gli impianti delle società bocciofile che partecipano a campionati e tornei.

Redaelli-Rogoredo '84
Via Freikofel 25 - Tel. 02-55.70.01.51
4 campi coperti, laghetto per la pesca.

Bocciodromo Forze Armate
Via Forze Armate 80 - Tel. 02-40.35.285
4 campi coperti.

XXV aprile
Via Cimabue 22/24 - Tel. 02-39.21.07.69
8 campi coperti.

Candiani
Via Candiani 26 - Tel. 02-39.31.07.82
6 campi coperti.

24 Sport Village (Centro Privato)
Via Assietta 19 - Tel. 02-66.21.611- Sito: http://www.24sportvillage.it
5 campi coperti d'inverno.

Canottieri Milano
Alzaia Naviglio Grande 160 - Tel. 02-48.95.12.11

Polisportiva Le Lumache
Via Bari 18

A.S. Unione Lombarda
Via Giò Ponti 1 - Tel. 02-89.40.10.33

Aics Olmi
Via Mosca 67 - Tel. 02-45.64.802
Attrezzature: 4 campi da bocce coperti in maiolica, illuminati.

Motoclub Milano
Via Washington 33 - Tel. 02-46.91.424
Attrezzature: 4 campi da bocce coperti in terra battuta, illuminati e 1 campo da bocce scoperto in terra battuta, illuminati.

Circolo Arci Olmi
Via degli Ulivi 2 - Tel. 02-48.91.11.44
4 campi da bocce coperti di cui: 2 in materiale sintetico, illuminati e 2 in gomma-cemento, illuminati.

Campi bocce Parco Nord
Il gioco delle bocce, abbinati a tavoli per il gioco delle carte, vede ben 7 impianti. Sono attrezzature ad uso libero molto frequentate dagli utenti, per lo più anziani, del parco.
Veri e propri luoghi dell'aggregazione sociale, si animano in tutti i mesi dell'anno e, in primavera, grazie al Servizio di vigilanza ecologica volontaria, ospitano l'ormai tradizionale Palio boccistico Parco Nord Milano.

Campi Acli
Via Tuberose 9 - Tel. 02-41.52.169
2 campi bocce.
Tutti gli impianti sportivi Acli su www.aclimilano.com

Bocciofila P. Caccialanza
Via Padova 91

Campi Cral Centrale del latte-Allende
Viale Toscana 28
Qui ci sono gli ultimi campi "alla milanese", con le cunette.

Campo Milesi Cabassi
Parco delle Cave

Campi di via Morgagni
Associazione Amici delle bocce

Campi di viale Argonne

Campi di Largo Marinai d'Italia

Campo di via Ludovico il Moro-Santi

TERRE DI MEZZO EDITORE

IL CATALOGO DEI LIBRI

COLLANE GUIDE

STILI DI VITA

Ora che posso
300 indirizzi per non mandare in pensione la voglia di fare, 2006 - 10 €
Vedo gente faccio cose
Guida a 100 eventi e feste imperdibili in Italia 2006 - 10 €
Gas. Gruppi di acquisto solidali.
2005 - 8 €
Terra. In campagna un'altra vita è possibile. 2004 - 12 €
Manuale di sopravvivenza ciclica urbana, 2004 - 10 €
Fa' la cosa giusta!
Guida al consumo critico e agli stili di vita sostenibili
ed. Milano e Lombardia, 2006 - 10 €
ed. Roma e Lazio, 2006/7 - 9 €
ed. Trento e provincia, 2006 - 10 €
ed. Genova e Liguria, 2006 - 8 €
ed. Firenze e Toscana, 2005 - 5 €
Piccole alternative crescono,
300 indirizzi dedicati a genitori e bambini per vivere, giocare e crescere bene a Milano, 2003 - 7,50 €

TURISMO RESPONSABILE

Fuori dai soliti binari, 31 insoliti itinerari su ferrovie secondarie in Italia, 2006 - 10 €
Week ender, alla scoperta dell'Italia delle città nascoste, di borghi e valli in un fine settimana di turismo responsabile, 2005 - 9 €
Vacanze contromano. 2004 - 10 €
Turisti responsabili. 2004 - 10 €
Vacanze fra spirito e impegno.
2003 - 8 €

PERCORSI

Di qui passò Francesco. 350 chilometri a piedi tra La Verna, Gubbio Assisi... fino a Rieti, 2006 - 17 €
Guida al Cammino di Santiago de Compostela. Oltre 800 chilometri a piedi dai Pirenei a Finisterre, 2006 - 17 €
Guida al Cammino di Santiago de Compostela in bicicletta.
800 chilometri da Roncisvalle a Santiago, 2004 - 14 €
Guida alla Via Francigena.
900 chilometri a piedi sulle strade del pellegrinaggio verso Roma, 2006 - 17 €
Sentieri partigiani in Italia
A piedi su alcuni dei più bei percorsi della Resistenza, 2006 - 16 €
A Santiago per la Via della Plata.
1000 chilometri a piedi dal Sud della Spagna fino a Compostela, 2005 - 16 €

SAPORI

Pappamondo.
Guida ai ristoranti stranieri
ed. Milano, ed. 2006 - 9 €
ed. Roma, 2005 - 8,50 €
ed. Genova, 2004 - 7 €
PappaRoma, 100 ristoranti di qualità a buon prezzo, ed. 2006 - 9 €
PappaMilano, 100 ristoranti di qualità a buon prezzo, ed. 2006 - 9 €
Il tiratardi. Guida ai locali serali e notturni di Milano, 2001 - 6,20 €

LE RICETTE DI PAPPAMONDO

Cucina di strada. 2006 - 7 €
Cucina del Senegal e dell'Africa nera. 2005 - 7 €
Cucina indiana. 2005 - 7 €
Cucina araba e mediorientale.
2004 - 7 €

COLLANE DIARI

PERIFERIE

Viaggiatori viaggianti. Da Bob Marley a Che Guevara. Giro del mondo in nove racconti, 2006 - 7 €
Il momento è atipico, cinque dialoghi fra lavoratori precari e lavoratori dipendenti, 2006 - 7 €
Questa pelle è pulita, diario di uno straniero in carcere, 2005 - 7,20 €
La grande casa di monsieur Diallò, diario di un viaggio di turismo responsabile in Senegal, 2005 - 7 €
Campioni senza dimora, la favolosa storia di MultiEtnica la squadra di immigrati campione del mondo, 2005 - 10 €
Diario d'Africa, nove viaggi inconsueti nel Continente Nero, 2004 - 7 €
Un tè a Ramallah, diario di sei mesi di interposizione pacifica in Palestina, 2002 - 8 €
La sporca guerra, diario di un ufficiale algerino, 2002 - 8,50 €
I pugni nel muro, linguaggio e frammenti di vita dei detenuti del carcere di San Vittore, 2001 - 7 €
Il sogno ostinato, lettere dall'Africa, 2001 - 7 €
N° 1 Clapham road, diario di uno squat, 2000 - 7,24 €
Oltre il fiume, diario indiano, *II edizione* - 7 €
Di che colore è la mia paura, diario dalla malattia, *II edizione* - 8,50 €

I DIARI DELL'ARCHIVIO DI PIEVE SANTO STEFANO

Cara sorella, caro fratello, lettere, 2006 - 10 €
Rafiullah, via da Milano, tra i mujaheddin, 2005 - 12 €
Lontana terra, diari toscani in viaggio, 2005 - 12 €
Ad alta voce, il riscatto della memoria in terra di mafia, vincitore del premio Pieve 2004 - 10 €
Masticare strada, diari randagi, menzione speciale del premio Pieve 2003 - 13 €
Il sapore del pane, vincitore del premio Pieve 2003 - 10 €
Si ferma una bomba in volo?
Diario dall'Iraq in guerra, 2003 - 9 €
Kangaroos crossing, diario di un viaggio sbagliato, 2003 - 6,50 €
Appunti di guerra, memorie e vignette di Vauro dall'Afghanistan, 2002 - 7 €
I quaderni di Luisa, storia di una resistenza casalinga, 2002 - 7 €
I quaderni di Luisa + VHS corto della Sacher, 2002 - 10 €
Il marito taciturno, premio Pieve 2002 - 7,50 €

IL CATALOGO DEI LIBRI

TERRE DI MEZZO EDITORE

ANTOLOGIE DEL CONCORSO LETTERARIO DI TERRE

La stazione. Racconti di passaggio, 2005 - 7 €
Sirene. Le voci del mare, 2004 - 7 €
A fuoco lento. Il gusto di raccontare, 2003 - 8 €
Via dei matti numero zero. Il nostro indirizzo precario fra immaginazione e realtà, 2002 - 7 €
Radici e ali. Racconti a margine, 2001 - 6,71 €

COLLANA NARRATIVA

Guerra a lume di candela, Daniel Alarcón, 2006 - 14 €
Vecchi amici, Stephen Dixon, 2006 - 15 €
GraceLand, Chris Abani, 2006 - 18 €
Mi chiedo quando ti mancherò, Amanda Davis, 2005 - 16 €
Una vita senza conseguenze, Stephen Elliott, 2005 - 14 €

COLLANA PEDAGOGIA E FORMAZIONE

Gli stranieri per casa. Storia di un progetto di integrazione, 2005 - 10 €
Asfalto amaro. Storie e metodi di educativa di strada, 2004 - 10 €
La ribalta degli invisibili. Storie e strumenti del Teatro dell'oppresso, 2004 - 10 €
Educare a resistere. Proposte e progetti per una pedagogia della resistenza, 2003 - 8 €
Paulo Freire, pratica di un'utopia. 2003 - 8 €

ALTRI TITOLI

Vauro. **Clandestino.** 20 anni di vignette sull'immigrazione,2006 - 7 €
La bella sposa grassa e altre fiabe africane 2006 - 7,50 €
Il giorno in cui il leone regalò una coda agli animali, favole dell'Africa nera, 2005 - 7,50 €
Fragili, resistenti. I messaggi di Piazza Alimonda e la nascita di un luogo di identità collettiva 2005 - 12 €
Non usate il nostro nome, famiglie dell'11 settembre per un domani di pace, 2004 - 12 €
Nero da morire, 75 vignette sui rapporti fra Nord e Sud del mondo, 2004 - 7 €

ALTRECONOMIA

Cambieresti?, La sfida di mille famiglie alla società dei consumi, con DVD, 2006 - 9 €
Destra e sinistra nell'Europa del XXI secolo, 2006 - 10 €
Oltre la guerra. Annuario geopolitico della pace, 2006 - 18 €
Cittadini attivi europei solidali Amministrazioni pubbliche, economie sociali e partecipazione da Parigi a Sesto San Giovanni, 2005 - 9 €
Elogio della pirateria, Dal corsaro nero agli hacker dieci storie di ribellioni creative, 2005 - 9 €
Ripensare la ricchezza, dalla tirannia del Pil alle nuove forme di economia sociale, 2005 - 10 €
Una vita più semplice. Biografia e parole di Alexander Langer, 2005 - 10 €
Io boicotto Nestlé, la storia e le ragioni della campagna più famosa degli ultimi 30 anni. Le strategie di marketing delle multinazionali del latte in polvere, l'inchiesta integrale dell'antitrust, 2005 - 9 €
Agonia e vocazione dell'Occidente, produrre, appropriarsi, dominare: alle radici del nuovo apartheid globale, 2005 - 8 €
La protesta e il controllo. Movimenti e forze dell'ordine nell'era della globalizzazione, 2004 - 7,50 €
Il lago scomparso. Viaggio ai confini del Sahara tra miti e realtà della desertificazione, 2004 - 7,50 €
Come passare al software libero e vivere felici. Manuale di autoliberazione informatica, 2004 - 11 €
Li chiamano ancora mercenari. La privatizzazione degli eserciti nell'era della guerra globale, 2004 - 10 €
Bananeros, Viaggio nelle piantagioni di banane tra sfruttamento e libertà, 2004 - 7,50 €
Paura del buio. Le ragioni del blackout in Italia e le alternative energetiche, 2004 - 8 €
Genova nome per nome. Le violenze, i responsabili, le ragioni. Inchiesta sui giorni e i fatti del G8, *con cd allegato*, 2003 - 25 €
Distratti dalla libertà. Napoli, Genova, Cosenza, Milano. E se accadesse di nuovo? 2003 - 5 €
Gusto amaro. La povertà nella tua tazza di caffè, 2003 - 7,50 €
Questo mondo non è in vendita. Come opporsi alle strategie del supermercato mondiale, 2003 - 7,50 €
La guerra del petrolio. La posta in gioco in Iraq e dietro l'Asse del male, 2004 - 8 €
Guida all'azione diretta nonviolenta. Da Comiso a Genova e oltre: come ci si prepara alla protesta, 2002 - 7 €
Bambini al lavoro: scandalo e riscatto. Proposte ed esperienze dei movimenti di bambini e adolescenti lavoratori, 2002 - 6,50 €
Noi della Diaz. La notte dei manganelli e i giorni di Genova nel racconto del giornalista che era dentro la scuola, 2002 - 8 €
Voi G8 noi 6 miliardi. 2002 - 6,20 €

LA PRESENTAZIONE COMPLETA DEI LIBRI È CONSULTABILE SUL SITO WWW.TERRE.IT/LIBRI